Ulrich Giesekus
Wenn Sucht das Leben blockiert

Frau H. erzählt: »Wissen Sie, mein Mann hat einen schwierigen Chef. Mein Mann ist so begabt und wird immer nur gedrückt . . ., da ist es ja kein Wunder, dass er auch mal ein Gläschen zu viel trinkt.« Später zeigt sich eine andere Sichtweise: Der Chef traut Herrn H. keine wirklich verantwortliche Arbeit mehr zu. Zu oft wurden versprochene Termine nicht eingehalten, wichtige Besprechungen verpasst und Kunden durch Unzuverlässigkeit vergrault.

Herr H. trinkt, weil er Probleme hat, die sich aber deswegen vermehren, weil er trinkt. Er steckt in einem Teufelskreis, aus dem er alleine nicht mehr herauskommt.

Den Leistungsabfall und die sozialen Probleme, die sich aus der Sucht ergeben, haben die Kollegen und die Familie bisher zumeist ausgleichen können, so dass es nicht zu einer Katastrophe kam. Dass Herr H. ein handfestes Suchtproblem hat, möchte keiner so direkt ansprechen, auch aus Angst heraus, dass dann seine Probleme nur noch größer würden.

Indem die Angehörigen oder die Kollegen jedoch die Schwierigkeiten immer wieder aus dem Weg räumen, verhindern sie womöglich, dass der Süchtige einen Weg aus seiner Abhängigkeit sucht.

Für eine heilsame Veränderung brauchen auch alle Mitbetroffenen Hilfe und Begleitung. Das Buch zeigt, wie diese Hilfe aussehen kann.

Dr. Ulrich Giesekus, geboren 1957, ist Psychologe und Seelsorger. Seit 1988 ist er als Studienleiter bei der Deutschen Gesellschaft für Biblisch-Therapeutische Seelsorge (DGBTS) in Freudenstadt im Schwarzwald tätig.

Ulrich Giesekus

Wenn Sucht das Leben blockiert

Wie man helfen kann

Statistische Angaben auf Seite 40 nach:
Deutsche Hauptstelle gegen die Suchtgefahren, Hamm,
Basis-Informationen vom 3.9.1998.

RB*taschenbuch Bd. 561*

© 1999 R. Brockhaus Verlag Wuppertal
Umschlag: Dietmar Reichert, Dormagen
Gesamtherstellung: Breklumer Druckerei Manfred Siegel KG
ISBN 3-417-20561-1
Bestell-Nr. 220 561

Dieses Buch ist gedruckt auf 100 % Recyclingpapier

INHALT

Vorwort 7

I. Angehörige suchen Rat

1. Mitgegangen – mitgefangen!? 11
2. Warten bis zur letzten Minute 13
3. »Opfer bringen« aus »Verantwortung« 14
4. Alle brauchen Hilfe 15

II. Was ist Sucht?

1. Sucht geht uns alle an 18
2. Von Stoffen bewirkte Süchte 23
3. Der ganze Mensch ist betroffen 24
4. Körperliche Aspekte 25
5. Psychische Aspekte 26
6. Geistliche Aspekte 28
7. Erscheinungsformen der Sucht 30
8. Klassifizierung von Suchtmitteln 33
9. Alkoholismus 39

III. Beziehungen und Sucht

1. Der Teufelskreis der Sehn-Sucht 45
2. Die Familie als »System« 49
3. Die Regeln ändern 57
4. Das System knacken 64
5. Umgang mit Schuld 69
6. Fragen an mich selbst und meine Gemeinde 71

Kontaktadressen 75
Literaturhinweise 77

Dieses Buch soll eine praktische Hilfe für solche Menschen sein, die von der Sucht eines Familienmitgliedes, Freundes oder Kollegen mitbetroffen oder gar in ihr mitgefangen sind. Es gründet sich auf Erfahrungen, die ich in der Praxis der Beratung und Therapie mit Suchtkranken und ihren Familien gewonnen habe.

In der städtischen Beratungsstelle einer südkalifornischen Kleinstadt, in der ich als Therapeut tätig war, begegnete mir im Sommer 1984 Frau D., eine 47-jährige, aber viel älter aussehende Frau. Im Erstgespräch erzählte sie mir die Geschichte ihres Lebens: Als Kind vom Vater über Jahre hinweg sexuell missbraucht, mit einem Alkoholiker verheiratet, oft geschlagen, schließlich sitzen gelassen. Die zweite Ehe, wieder mit einem Alkoholiker, war ebenso katastrophal wie die erste. Die letzten drei von fünf Kindern beschreibt sie als die Folgen ehelicher Vergewaltigungen. Alle fünf haben selber enorme Probleme, wurden in der Kindheit vom Vater häufig geschlagen, zwei sind drogensüchtig. Die älteste Tochter ist 23 und mit einem Dealer verheiratet. Ein Sohn sitzt im Jugendgefängnis.

Obwohl ich in einigen Jahren Beratungsarbeit schon viel Leid miterlebt hatte, macht mich die Geschichte von Frau D. besonders betroffen. Nicht nur, weil ihre Geschichte immer wieder von heftigem Weinen unterbrochen wird oder weil mir ihr Schicksal so nahe geht, sondern weil sie mir erzählt, dass sie und ihr Mann sich schon vor Jahren zu Jesus Christus bekehrt haben. Sie weiß noch nicht, dass auch ich Christ bin. Auf die Frage, warum sie so lange gewartet habe, bis sie um Hilfe bat, sagt sie: »Ich schäme mich meiner Familie. Ich denke, wenn jemand erfährt, wie es bei Christen aussieht, wird er nie Christ, und wir sind mitschuldig . . . Ich habe viel gebetet, Gott möge mir einen Berater zeigen, der Christ ist. Aber hier in dieser Gegend gibt es keinen.«

Das Bewusstsein, dass Gott ihr Gebet erhört hat, erscheint mir allerdings als eine schwere Last. Mein Psychologiestudium hat mir zu wenig Fachkenntnisse der Suchtbehandlung vermittelt. Ich fühle mich einerseits überfordert, andererseits möchte ich Frau D. nicht an jemand anderen weitervermitteln. So entscheide ich mich zu intensivem Training und befasse mich mit der Behandlung süchtiger Familien.

Vier Jahre später promovierte ich mit einer Dissertation über Ehefrauen alkoholkranker Männer. Familie D. habe ich während dieser Zeit begleitet, und viele andere Familien mit ähnlichen Problemen kamen im Laufe dieser Jahre dazu. Ich fing an, Gruppen für Angehörige, Partner und Alkoholikerkinder anzubieten. Manchmal waren es bis zu 15 Jungen zwischen 9 und 13 Jahren, die mein Büro kräftig durcheinander brachten.

Diese Familien, die Erwachsenen und Kinder, wurden meine Lehrer. Familie D. hat ihr Leben wieder in Ordnung gebracht, ist frei geworden von Alkohol und Drogen. Das erforderte viel Arbeit von ihnen selbst und auch von mir. Andere waren zum Teil nicht so erfolgreich. Allen bin ich sehr dankbar; die Begegnungen verhalfen mir nicht nur beim Erwerb eines Doktortitels, sondern waren eine immense Bereicherung meines Lebens. Aber es gab auch andere Lehrer: mein Doktorvater, Prof. Dr. William C. Coulson, der auch Mentor und Seelsorger war; Prof. Dr. Gary Lawson und Dr. David Cain, beide hoch qualifiziert und ebenso hilfsbereit.

Seit Sommer 1988 bin ich wieder in Deutschland und als Studienleiter bei der Deutschen Gesellschaft für Biblisch-Therapeutische Seelsorge (DGBTS) tätig. Auch in dieser Zeit habe ich viele bereichernde Begegnungen mit Ratsuchenden gehabt, und auch hier gibt es Lehrer, denen ich dankbar bin: Prof. Dr. Michael Dieterich und seine Frau Hilde L. Dieterich, die die Arbeit der DGBTS aufgebaut haben, und mein Kollege, Studienleiter Pfr. Wilfried Veeser.

Dipl.-Psych. Bärbel Neumann hat an diesem Manuskript engagiert mitgearbeitet. Prof. M. Dieterich, Pfarrer W. Veeser und Dr. Waltraud Giesekus haben bei der Korrektur tatkräftig mitgeholfen. Vielen Dank!

Freudenstadt, im Herbst 1998   Ulrich Giesekus

I. Angehörige suchen Rat

1. Mitgegangen – mitgefangen!?

Als ich Frau H. im Wartezimmer der Beratungsstelle zum ersten Mal sehe, begegnet mir eine etwas nervöse, gepflegte Frau Mitte der Vierzig. Ihr erschreckter Blick bei meinem Eintreten deutet an, dass es ihr schwer gefallen ist, eine Beratung aufzusuchen, und ich spüre, dass sie sich dessen schämt.

Im Gesprächszimmer wartet sie, bis ich sie bitte, Platz zu nehmen, und beginnt dann das Gespräch: »Wissen Sie, ich bin hier wegen meines Mannes. Er weiß nicht, dass ich zur Beratung komme, und er wird auch nicht selber kommen . . . Das Problem ist, dass mein Mann trinkt. Fast jeden Abend. Meistens schläft er dann betrunken auf der Couch ein und kommt oft die ganze Nacht nicht ins Bett. In letzter Zeit habe ich gemerkt, dass er auch tagsüber manchmal einen Schluck nimmt. Im Handschuhfach lag neulich eine angebrochene Flasche Cognac. Ich habe schon alles versucht und weiß nicht mehr weiter. Neulich habe ich ihm angedroht, ich würde mit den Kindern zu meinen Eltern ziehen. Da hat er hoch und heilig versprochen, er würde sich bessern. Aber am gleichen Abend . . . Ich weiß nicht, ob es einen Sinn hat, aber vielleicht können Sie ihm helfen . . . Ich kann auch mit niemandem darüber reden. Was meinen Sie, was die Leute in der Kirchengemeinde sagen würden, wenn sie wüssten . . . Ich glaube oft, dass selbst Gott uns nicht mehr zuhört. Ich bete ständig, dass mein Mann aufhört zu trinken, aber es wird nur schlimmer . . .«

Ich bitte sie, mir die Situation genauer zu beschreiben, und sehr bald stellt sich heraus, dass sich ihr ganzes Leben um ein einziges Thema dreht: das Trinken ihres Mannes und ihre verzweifelten Versuche, immer wieder das Schlimmste zu verhindern. Dabei ist sie recht erfolgreich: Nach außen ist der Familie kaum etwas anzumerken. Der Mann ist Angestellter eines mittelgroßen Betriebes und verdient genug, um Haus und Familie zu erhalten. Die älteste Tochter, Bettina, ist 17 Jahre alt, arbeitet in der Kirchengemeinde aktiv mit, ist eine sehr gute Schülerin und wird oft von anderen als »rühmliches Beispiel« bewundert. Freunde und Freizeitinteressen hat sie allerdings nicht. »Ich weiß nicht, was ich ohne sie machen würde . . . nur manchmal habe ich so ein schlechtes Gewissen. Aber wenn ich ihr sage, sie soll doch einmal etwas für sich selber tun, mit Freunden ausgehen oder so, dann wehrt sie immer ab . . .«

Lediglich das dritte Kind, der 14-jährige Sohn Markus, »macht immer wieder Kummer«: In der Schule kommt er gerade so über die Runden, zu Hause ist er oft aggressiv. Doch Frau H. nimmt ihn gleich in Schutz: Wenn der Vater sich öfter um ihn kümmerte, ginge es sicher leichter . . . Seine Freunde sind ihm wichtig, aber leider nicht von der Art, wie sie sich Frau H. wünscht.

Auf Nachfrage stellt sich heraus, dass das mittlere Kind, ein 16-jähriger Junge, Thomas heißt und recht unauffällig ist. In der Schule kommt er klar, liest gerne und viel. Auch er hat keine Freunde, mit denen er etwas gemeinsam unternehmen könnte.

Familie H. ist kein Einzelfall, sondern geradezu typisch für viele, die sich tagaus, tagein mit einem Suchtproblem arrangieren müssen. Auf den ersten Blick erscheinen viele dieser Familien als relativ intakt, und es wird auch viel Kraft darauf verwendet, dass dieser Eindruck erhalten bleibt. Das Suchtproblem wird oft nicht als ein solches erkannt oder zugegeben, sondern verleugnet, versteckt, kompensiert – kurz, die Fassade bleibt erhalten, bis die Probleme so massiv werden, dass es gar nicht mehr anders weitergeht.

2. Warten bis zur letzten Minute

Fast alle Hilfesuchenden, die mit einem Alkohol- oder Suchtproblem zur Beratung kommen, haben bereits schwere Verluste erlitten: Führerschein-Entzug, alkoholbedingte Unfälle im Straßenverkehr oder bei der Arbeit, ernsthafte gesundheitliche Probleme, Arbeitsplatz-Verlust usw. Nur selten wird dabei deutlich ausgesprochen, dass die Abhängigkeit ursächlich mit diesen Ereignissen zu tun haben könnte. Auch in Familien, in denen über lange Zeit hinweg »Pechsträhnen« im Zusammenhang mit Alkohol oder Sucht stehen, wird der Alkoholkonsum oder die Sucht selten als die eigentliche Ursache angesehen.

Auch bei Frau H. verhält es sich so: »Wissen Sie, mein Mann hat einen schwierigen Chef. Er ist so begabt und wird immer nur gedrückt . . . da ist es ja kein Wunder, dass er auch mal ein Gläschen zu viel trinkt.« Später zeigt sich eine andere Sichtweise: Der Chef traut Herrn H. keine wirklich verantwortliche Arbeit mehr zu. Zu oft wurden versprochene Termine nicht eingehalten, wichtige Besprechungen verpasst und Kunden durch Unzuverlässigkeit vergrault. Für mich wird sehr bald deutlich: Herr H. trinkt, weil er Probleme hat, die sich aber deswegen vermehren, weil er trinkt. Er steckt in einem Teufelskreis, aus dem er alleine nicht mehr herauskommt.

Den Leistungsabfall und die sozialen Probleme, die sich aus der Sucht ergeben, haben die Kollegen und die Familie bisher zumeist ausgleichen können, so dass es nicht zu einem Kollaps kam. Dass Herr H. ein handfestes Suchtproblem habe, möchte keiner so direkt aussprechen, auch aus der Angst heraus, dass dann seine Probleme nur noch größer würden.

Als ich Frau H. frage, ob sie sich vorstellen könne, dass ihr Mann alkoholkrank sei, wehrt sie energisch ab: »Alkoholiker sorgen nicht so für ihre Familie. Mein Mann liegt doch nicht in der Gosse!«

3. »Opfer bringen« aus »Verantwortung«

Aber auch unter einem weiteren Aspekt ist der Fall typisch: Überdurchschnittlich häufig findet sich bei Ehepartnern Alkoholkranker eine persönliche Geschichte, die von Überverantwortlichkeit und dem fast zwanghaften Drang, große Opfer zu bringen, gekennzeichnet ist. Nicht selten ist dieses Verhalten mitbedingt durch den Alkoholkonsum eines Elternteiles. Oft waren es auch andere, suchtähnliche Situationen, die in der Geschichte des Partners prägend waren, zum Beispiel »workaholism«, dem sich alles unterordnen musste, oder Verletzungen in Kindheit und Jugend wie Inzest oder sadistische Strenge von Seiten der Eltern. Was Außenstehende manchmal als krankhaft übertriebene Opferbereitschaft ansehen, gilt für Ehepartner Alkoholkranker oft als »normal« – sie kennen es nicht anders. Bis hin zum widerspruchslosen und klaglosen Erdulden von Erniedrigungen und wehrlosem Gedemütigtwerden ist diese Eigenschaft bei Partnern Alkoholkranker zumeist sehr deutlich ausgeprägt. Aus dieser Rolle zu fallen ist dann nicht nur mit schweren Schuldgefühlen verbunden, sondern auch mit einer quälenden Unsicherheit.

Partner von Alkoholkranken haben meistens schon sehr früh gelernt, dass nur völlige Unterwürfigkeit vor schlimmeren Folgen bewahrt. Als Erwachsene reagieren sie dann überverantwortlich, haben aber panische Angst vor einer wirklich partnerschaftlichen, das heißt für beide eigenverantwortlichen Beziehung. Diese innere Nötigung, sich bedingungslos unterzuordnen, führt dazu, dass man als Partner unentbehrlich wird, weil man schwierige Situationen scheinbar fest in den Griff bekommt. Die »Opfer« erhalten oder heben also zugleich das Selbstwertgefühl und verhindern ein Abstürzen in die Verzweiflung. Immer wieder zeigt sich dann die schreckliche Situation: Ehepartner leiden entsetzlich unter der Sucht ihres Partners, ihr

Leben scheint nur noch daraus zu bestehen, Opfer zu bringen; und doch brauchen sie die Sucht ihres Ehepartners so wie der Süchtige selbst die Flasche. Sie wünschen nichts mehr, als frei zu leben, und wissen doch nicht, wie.

Auf die Frage, ob Alkohol bereits vor der Ehe mit Herrn H. in ihrem Leben eine Rolle gespielt habe, bricht Frau H. in Tränen aus: »Jedes Mal, wenn mein Vater getrunken hatte, habe ich mir geschworen, dass das später bei mir anders wird – *mein Mann würde nie trinken* . . ., und jetzt ist es noch schlimmer!« Irgendwie ahnt Frau H., dass es gerade diese tief verwurzelte Einstellung ist, die sie dazu bringt, ihren Mann immer wieder in Schutz zu nehmen, seine Probleme für ihn zu lösen, sich den Kopf für ihn zu zerbrechen – und gerade damit seine Eigenverantwortung zu unterwandern.

Die Erfahrungen der Suchtberatung zeigen deutlich, dass fast alle Suchtprobleme in einem solchen zwischenmenschlichen Zusammenhang zu sehen sind: Süchtige sind nicht nur abhängig von einer chemischen Substanz, sondern sie werden auch von anderen Menschen, die ihnen immer wieder die Schwierigkeiten aus dem Weg räumen, in der Abhängigkeit erhalten. Diese anderen Menschen, Mitarbeiter, Ehepartner, Kinder usw., sind ihrerseits von den Süchtigen abhängig – sei es wirtschaftlich oder um als »Helfer« ihr eigenes angeschlagenes Selbstwertgefühl aufrechtzuhalten, aus Angst vor einer wirklich gleichberechtigten Beziehung oder aus Furcht davor, die Kontrolle über den Partner zu verlieren.

4. Alle brauchen Hilfe

Schon sehr früh in der Geschichte der Suchttherapie wurde erkannt, dass die Partner der Süchtigen eine Schlüsselrolle spielen.

Es reicht jedoch nicht, den Partner als eine Art »Ko-Therapeuten« für die Therapie des Süchtigen zu gewinnen. Immer deutlicher zeigt sich, dass viele Partner selber ernsthafte Selbstwertprobleme mitbringen, die sich hinter dem Alkoholproblem des Partners verstecken und seine Sucht auch mit erhalten. Ausgehend von der amerikanischen Literatur spricht man in der Suchttherapie von »Kodependenz«, wörtlich: Mit-Abhängigkeit. Der Begriff beschreibt eine Persönlichkeitsstruktur, die »alles« tut, um die Sucht eines nahe stehenden Menschen zu vermeiden, sie aber gerade dadurch stärkt und erhält. (Dass eine solche Dynamik häufig besteht, zeigt sich unter anderem auch darin, dass Gesellschaftskreise, die Alkohol strikt ablehnen, deutlich höhere Raten Suchtkranker haben. Das heißt immer dann, wenn der Genuss oder das Verbot von Alkohol zu einem übergewichtigen Lebensaspekt wird, kommen Süchte häufiger vor.)

Vielleicht fragen Sie sich, ob hier nicht dem Opfer die Tat vorgeworfen wird. Es ist doch deutlich, dass der »Genuss« von Alkohol und Drogen zu all diesen Schwierigkeiten führt. Es ist in der Tat wenig hilfreich, Schuldzuweisungen vorzunehmen. Im Gegenteil: Betroffene schämen sich meistens so, dass ein offenes Gespräch mit möglichen Helfern und Vertrauen sehr schwer fällt.

Dieses Buch möchte nicht Schuld zuweisen, sondern Zusammenhänge aufzeigen, die die Betroffenen anerkennen müssen, wenn sie zu einer Lösung finden wollen.

Wenn Sie die zehn Fragen zur kodependenten Persönlichkeitsstruktur (siehe S. 17) zum Teil oder überwiegend bejahen müssen, sind Sie möglicherweise betroffen. Wahrscheinlich sind Sie an der Sucht eines anderen Menschen mitbeteiligt oder mitgefangen in seiner Abhängigkeit.

10 Fragen zur kodependenten Persönlichkeitsstruktur

1. Fühle ich mich oft ausgenutzt oder hole ich für andere »die Kastanien aus dem Feuer«?
2. Habe ich den Eindruck, dass andere, mir wichtige Menschen ohne meine Hilfe nicht zurechtkämen?
3. Ist es in meiner Familie selbstverständlich, dass es meine Aufgabe ist, die Fehler anderer Familienglieder zu verhindern?
4. Fühle ich mich schuldig oder als Versager, wenn andere unangenehme Konsequenzen ihrer eigenen Fehler hinnehmen müssen? Mache ich mir oft Sorgen über die Probleme meiner Mitmenschen? Zerbreche ich mir den Kopf für andere?
5. Kann ich mit meinem Ehepartner sachlich über die Verhaltensweisen reden, die mir am meisten Sorgen bereiten? Gibt es Themen, die regelmäßig zu Streitgesprächen führen?
6. Habe ich oft Angst, andere könnten entdecken, was in unserer Familie »wirklich läuft«? Gibt es Themen, über die man auch mit vertrauten Personen außerhalb der Familie nicht reden »darf«?
7. Habe ich schon die Unwahrheit gesagt, um Probleme meiner Familie anderen gegenüber zu bagatellisieren?
8. Gibt es Bereiche (zum Beispiel Finanzen, Alkohol), die ich selber zu verwalten versuche, weil ich es meinem Ehepartner nicht zutraue?
9. Habe ich mir schon einmal gewünscht, die alkoholischen Getränke, Drogen oder Medikamente eines anderen wegzuschütten, oder das sogar getan?
10. Wenn die Polizei gegen ein Familienmitglied in Sachen Drogen Ermittlungen aufnähme, würde ich die Zusammenarbeit mit der Polizei ablehnen, um das Familienmitglied zu schützen?

II. Was ist Sucht?

Das Thema Sucht betrifft einen großen Teil unserer Bevölkerung entweder direkt oder indirekt. Wahrscheinlich auch Sie – denn sonst hätten Sie dieses Buch wohl nicht aufgeschlagen. Und doch weiß keiner so ganz genau, was damit gemeint ist: Wenn man Menschen fragt, was sie unter Sucht verstehen, bekommt man in der Regel so viele verschiedene Antworten, wie man Leute gefragt hat. Die einen stellen sich unter einem Süchtigen jemanden vor, der in der Gosse liegt oder nur von einem Rausch zum nächsten hin lebt – andere antworten, wir seien in unserer heutigen Gesellschaft doch alle süchtig. Der Begriff »Sucht« ist alles andere als klar definiert. Wir reden von Eigensucht, Profilierungssucht, Arbeitssucht, Drogen- und Alkoholsucht, Sehnsucht, Putzsucht, Vergnügungssucht, Fresssucht, Magersucht, Streitsucht, Eifersucht, Habsucht, Rachsucht, Fernsehsucht – die Liste lässt sich beliebig verlängern. »Sucht ist, wenn jemand immer auf der Suche ist, aber nie fündig wird« – so heißt es häufig und sicherlich richtigerweise. Das Wort »Sucht« erinnert an das Wort »suchen« – auch wenn es damit vom Wortstamm her nicht verwandt ist, sondern von der Entstehung her mit dem Wort »siech« (= krank), Seuche, oder dem englischen »sick« im Zusammenhang steht. So gesehen ist das Wort »suchtkrank« eine Verdoppelung, die eigentlich »krank-krank« bedeutet.

1. Sucht geht uns alle an

Ist unsere Gesellschaft süchtig? Vieles spricht dafür, nicht nur die häufige Verwendung des Wortes im Zusammenhang mit allen möglichen mehr oder weniger zwanghaften Verhaltensweisen. Sucht hat immer etwas mit mangelnder Frustrationstoleranz zu tun, und es scheint, als seien viele Menschen in unserer Gesellschaft in der Tat nicht oder fast nicht in der Lage, Trauer, Schmerz und Verlust zu verarbeiten, ohne dabei auf suchtartige Verhaltensweisen zurückzugreifen. Während die Erziehung in früheren Generationen sicherlich oft Werte wie Disziplin, Unterordnung, Pflichterfüllung und Gehorsam überbetont hat (und damit zu den größten Katastrophen der Menschheitsgeschichte beigetragen hat, wie dem Totalitarismus), scheint es heute eher umgekehrt zu sein. Ungehinderte Entfaltung, beliebiges Wachstum und grenzenlose materielle Mittel zum Leben werden propagiert und gesucht. Frustrationen werden daher nicht mehr als notwendiger und in vieler Weise förderlicher Aspekt der Persönlichkeitsentwicklung gesehen, sondern als Störfaktor auf dem Weg zur Entfaltung.

Konsequenterweise ist die Ansicht, dass man am besten »wegmacht«, was stört, weit verbreitet. Kopfschmerzen dienen dann nicht als Signal für notwendige Veränderungen, sondern lediglich als Anlass, entsprechende Medikamente mit möglichst sofortiger Wirkung in ausreichender Dosierung zu konsumieren. Beziehungskrisen bedeuten zu häufig ein schnelles Ende der Beziehung. In vieler Hinsicht sind wir eine verwöhnte Gesellschaft, die ihr psychisches Gleichgewicht mit Konsum zu erhalten sucht und nicht mit der Arbeit an den eigentlichen Ursachen unseres Unglücklichseins. Dass die Nichtbewältigung tiefer liegender Probleme längerfristig zu neuen Frustrationen führen muss, ist eine Tatsache, die zu einem Teufelskreis der Sucht führt.

So könnte man Sucht definieren als *jedes wiederholte Verhalten, welches zum kurzfristigen Vermeiden oder Abbau von Frustrationen dient, aber längerfristig Frustrationen schafft*. Eine solche Suchtspirale nimmt zunehmend mehr Kräfte in Anspruch, bis das System zusammenbricht oder die betroffene Person aus dem Kreislauf aussteigt.

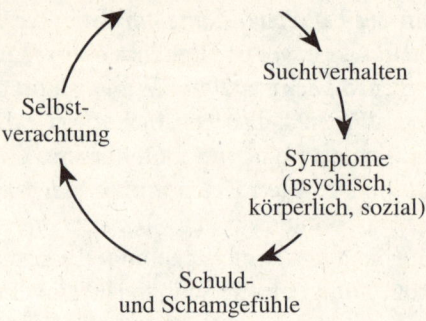

Wenn man den Begriff Sucht genügend weit definiert, stimmt es sicherlich: Wir sind alle süchtig. Auch wenn wir für unsere eigenen Verhaltensweisen ein solch starkes Wort gerne vermeiden und lieber von unseren kleinen Schwächen, Leidenschaften oder Lastern reden: Fluchtverhalten, das auf Dauer das Problem nicht löst, haben wir alle schon probiert.

Trotzdem muss man wohl in Bezug auf eine Inflation des Suchtbegriffs auch kritisch sein, insbesondere, wenn mit dem Krankheitsverständnis der Sucht eine moralische Entbindung von der individuellen Verantwortung verbunden ist. In den USA zum Beispiel haben so viele verschiedene Selbsthilfegruppen das Modell der Anonymen Alkoholiker (»12 Schritte«) auf so viele Störungen und Probleme übertragen, dass so ziemlich alle möglichen Probleme in einer eigenen suchtorientierten Selbsthilfegruppe angegangen werden können. Wenn man jedoch alles als Sucht bezeichnet, wird der Begriff bedeutungslos.

Besonders problematisch ist dabei, dass hier schwere, lebensbedrohliche und oft tragische Lebensumstände auf die gleiche Stufe gestellt werden mit trivialen Alltagserlebnissen. Für alle Betroffenen gilt jedoch in gleicher Weise, dass sie sich als »Opfer« erleben bzw. sich darin bestätigen können, besondere

Gründe zu haben, warum sie »mildernde Umstände« für sich selbst in Anspruch nehmen dürfen. Der Satz »Ich leide unter einer Arbeitssucht« lässt viel weniger Raum für Vorwürfe als der Satz »Ich kümmere mich nicht genug um meine Familie«. Das Problem dabei ist jedoch, dass ein solches Krankheitsverständnis eine Einladung darstellt, anderen – Eltern, Lebensumständen, dem Partner usw. – subtil den Vorwurf zu machen, an dem »Suchtverhalten« schuld zu sein.

Insofern erscheint es wenig sinnvoll, den Begriff der Suchtstörung oder Suchtkrankheit auf alle möglichen unerwünschten Angewohnheiten auszudehnen, sondern nur dann von Sucht zu reden, wenn das Leben des Betroffenen in erheblicher Weise von dem »Sucht«-Verhalten und seinen Folgen bestimmt und behindert wird. Neben den von Stoffen bewirkten Süchten ist es meines Erachtens nach sinnvoll, die Essstörungen Bulimie (Ess-Brechsucht) und Anorexie (Magersucht) als Sucht zu sehen, wie auch das pathologische Spielen (»Spielsucht«).

Trotzdem gibt es keine klaren, sondern fließende Grenzen zwischen »schlechten Angewohnheiten« und »harter Sucht«. Man muss davon ausgehen, dass die Häufigkeit der echten, schweren Suchtstörungen der Häufigkeit der »kleinen Alltagssüchte« in der Gesellschaft entspricht. Unter diesem Blickwinkel sind wir mit Sicherheit eine süchtige Gesellschaft.

Die Frage, ob es eine bestimmte pathologische Persönlichkeitsstruktur gibt, die mit der Sucht immer im Zusammenhang steht, muss verneint werden. Wenn noch 1948 im Psychiatrie-Lehrbuch zu lesen war, dass Trinker wie Morphinisten »konstitutionell abnorme Menschen« seien bzw. »geborene Psychopathen« (Bumke, 1948, in: Kellermann, 1994, S. 441), steht heute fest: Eine solche eindeutige Zuordnung ist unsinnig. Niemand ist gegen eine Sucht immun. Wohl lassen sich besonders gefährdete Gruppen beschreiben. Dazu gehören unter anderem folgende Merkmale:

a) starke gefühlsmäßige Sensibilität und Labilität, oft mit körperlichen Empfindungen verbunden (z.B. Anspannung);
b) geringe Fähigkeit, mit starken Gefühlen gut umzugehen, und sich daraus ergebendes impulsives Verhalten;
c) Schwierigkeiten, reife Beziehungen zu anderen Menschen aufzubauen;
d) häufige Angstgefühle;
e) depressive Grundstruktur.

Kurz gefasst könnte man sagen, dass Menschen, die eher beziehungsgestört, ängstlich und depressiv sind, eher zu Suchtstörungen neigen. Das ist weder sonderlich überraschend noch spezifisch auf Suchtstörungen beschränkt, so dass von einer »Suchtpersönlichkeit« nicht die Rede sein kann.

Das heißt nicht, dass die psychologische Verfassung einer Person nicht eine ausgesprochen wichtige Funktion bei der Entwicklung einer Suchtstörung wahrnimmt. Das zeigt sich unter anderem auch in den Beobachtungen von Ärzten, die Patienten mit starken körperlichen Schmerzen behandeln: Personen, die aus *medizinischen* Gründen hohe Dosierungen von Opiaten (wie Morphium) einnehmen müssen, werden *nicht* süchtig. Wenn dagegen die Befreiung von *emotionalen* Schmerzen durch Opiate gesucht wird, entwickelt sich eine Abhängigkeit vom Suchtmittel sehr schnell. Ähnliche Beobachtungen gibt es auch für andere Suchtmittel. In anderen Worten, es ist nicht die chemische Substanz, die eine Sucht erzeugt, sondern der Gebrauch einer solchen Substanz zum Zwecke der emotionalen Balance.

Daraus ergibt sich auch: Das Verbot eines Suchtmittels trägt selten dazu bei, dass es weniger Süchtige gibt. Im Gegenteil, Verbote beschränken den Gebrauch entweder auf eine Altersgruppe (Erwachsene) oder auf die »besonders Coolen«, die auf gesetzliche Normen wenig Wert legen. Je stärker der Wunsch einer

Person ist, zu einer dieser Gruppen zu gehören bzw. in ihr aner-
kannt zu sein, desto wahrscheinlicher wird eine verbotene Substanz von ihr konsumiert. Am besten ist es, wenn ein potentielles
Suchtmittel bzw. Suchtverhalten Nebensache bleibt, also weder
das Tun noch das Lassen hochstilisiert wird. Moralische Überle-
genheitsgefühle, die dann mit Abstinenz verbunden sind, erhö-
hen die Schuld- und Schamgefühle über den Konsum und die
Tendenz zur Verheimlichung – so dass ein allgemeines morali-
sches Gebot zur Abstinenz von legalen Mitteln bzw. Tätigkeiten
eher suchtfördernd wirkt.

Eine Ausnahme besteht hier bei genesenden Süchtigen: Es ist
deutlich, dass das »Lassen« des Suchtverhaltens hier zumindest
eine Zeit lang mit enorm hohem persönlichen Einsatz betrieben
werden sollte. Solidarischer Verzicht von Freunden und Angehörigen ist hier ebenfalls sehr hilfreich. Auch in Bezug auf die Kinder
von Suchtkranken besteht guter Grund zu der Annahme, dass
Abstinenz für sie selber sinnvoll ist, da eine erhebliche Gefähr-
dung für viele Suchtstörungen bereits in der erblichen Veranlagung liegt, zusätzlich zu den psychosozialen Handicaps, die mit
dem Aufwachsen in einer Suchtfamilie in Verbindung stehen
können. Allerdings ist auch hier bei der Begründung der Abstinenz wichtig, dass nicht emotionalisiert wird (zum Beispiel mit
Sätzen wie »Alkohol ist Teufelszeug«), sondern möglichst ver-
nunftbezogen argumentiert (»Als Kinder eines Alkoholikers seid
ihr gefährdet, selber Alkoholiker zu werden – also ist es wahrscheinlich besser, ihr verzichtet auf den Genuss von Alkohol«).

2. Von Stoffen bewirkte Süchte

Dass Sucht auch im engeren Sinne, das heißt auf den unkontrol-
lierbaren Konsum chemischer Substanzen bezogen, ein gesamt-
gesellschaftliches Problem ist, bleibt weiterhin wahr. Eine kleine

Auswahl an Statistiken über Todesursachen in Deutschland belegt dies eindrücklich:

Todesursachen in Deutschland

Rauchen: 110 000 Todesfälle pro Jahr
Alkohol: ca. 40 000 Todesfälle pro Jahr
Rauschgifttote: unter 2000 pro Jahr

Dass die Todesfälle im Straßenverkehr zu etwa 50 % Opfer alkoholbedingter Verkehrsunfälle sind, zeigt: Die Folgen gehen weit über das hinaus, was sich in den reinen Krankheits- und Todesstatistiken zeigt. Ungezählte alkoholbedingte Unfälle in der Freizeit oder am Arbeitsplatz, die Schädigung neugeborener Kinder durch den Alkoholkonsum der Mütter, 800 Totschlagsdelikte und etwa 20 000 schwere Körperverletzungen im Jahr unter Einfluss von Alkohol in Deutschland und viele andere Folgen kommen dazu.

Dass die Medien und das Bewusstsein der Bevölkerung hier die Suchtformen, die bei Randgruppen der Gesellschaft vorherrschen, im Verhältnis zu den Folgen maßlos überbewerten, wird ebenfalls deutlich. Die Droge mit der häufigsten Todesfolge ist mit weitem Abstand das Nikotin, gefolgt von Alkohol. An diesen beiden Substanzen sterben mehr als hundert Mal so viele Menschen in Deutschland wie an den »harten« Drogen.

3. Der ganze Mensch ist betroffen

»Ganzheitlichkeit« ist ein häufig benutztes Schlagwort, oft jedoch nicht sehr klar definiert. Hier ist damit gemeint, dass der Mensch als eine Einheit mit verschiedenen Aspekten gesehen wird: körperliche, psychische und geistliche. »Ganzheitlich« bedeutet in diesem Sinne, dass diese verschiedenen Aspekte nicht voneinander getrennt werden, aber doch einzeln betrachtet werden müssen. Das heißt jeder Aspekt trägt seinen eigenen Anteil zum Problem wie zur Lösung bei, aber jeder Aspekt ist auch immer mit den beiden anderen verbunden.

4. Körperliche Aspekte

Besonders bei den Süchten, die durch Stoffe bewirkt werden, spielen die körperlichen Aspekte eine erhebliche Rolle. Hier sind als besondere Faktoren zu nennen: ererbte Veranlagung, Auswirkung der Substanz auf den Körper (Toleranz), körperliche Reaktionen bei Nicht-Konsum (Entzug) sowie allgemeine körperliche Schäden als Folge des Substanzmissbrauches.

Erbanlage als Prädisposition: Es besteht heute kein Zweifel mehr daran, dass die Erbanlage bei vielen stofflich bewirkten Süchten eine erhebliche Rolle spielt. Allerdings gilt hier wie für alle anderen Erbanlagen bei psychischen Störungen, dass sie keineswegs als allein bestimmend gesehen werden dürfen. Aber auch in Bezug auf andere, nicht stofflich bewirkte Süchte lässt sich eine entsprechende Veranlagung annehmen. Bereits die Persönlichkeitszüge suchtgefährdeter Personen, insbesondere eine Veranlagung zur starken Emotionalität sowie zur Depression, sind im Zusammenhang mit erblichen Faktoren zu sehen.

Toleranz: Je schneller sich der Körper an ein Suchtmittel gewöhnt, desto höher ist das Suchtpotential dieser Substanz. »Toleranzentwicklung« bedeutet also, dass die Dosis, die für die erwünschte Wirkung benötigt wird, mit steigendem Konsum größer wird. Jemand kann zum Beispiel immer mehr Alkohol zu sich nehmen, ohne die Wirkung zu spüren – ein anderer hätte längst mit Übelkeit, Erbrechen oder Ähnlichem reagiert.

Entzug: Ist jemand an eine bestimmte Substanz gewöhnt und treten körperliche oder psychische Symptome auf, wenn er diese Substanz einmal nicht zu sich nimmt, muss man diese Symptome als Entzugserscheinungen betrachten. Neben der Tatsache, dass diese Symptome extrem unangenehm sein können (zum Beispiel Ängste oder Depressionen auslösen), können Entzugserscheinungen zu ernsthaften, unter Umständen lebensbedrohlichen körperlichen Reaktionen führen.

Allgemeine Gesundheitsschäden: Neben der giftigen Wirkung, die die meisten Suchtstoffe auf die verschiedenen Organe haben können, führt Suchtverhalten in der Regel zu einer Vernachlässigung der Gesundheitsfürsorge. Das Interesse an der Körperpflege lässt in dem Maß nach, in dem das Suchtverhalten zum Lebensinhalt wird. Arztbesuche werden häufig vermieden, weil eine Konfrontation mit den Konsequenzen der Sucht befürchtet wird. Daher gehen längerfristige Suchtstörungen meistens mit direkten und indirekten Körperschädigungen einher, die die Therapie und Motivation erschweren können. Oft sind es allerdings auch die schweren körperlichen Störungen, die den Betroffenen zur Suchttherapie zwingen. In der Behandlung von Suchtkranken muss deswegen in jedem Fall eine gründliche medizinische Betreuung ein wichtige Rolle spielen.

5. Psychische Aspekte

Psychische Faktoren stehen bei der Entstehung und Behandlung einer Suchtstörung im Vordergrund. Hier geht es insbesondere um die persönliche Lebensgeschichte, Prägungen der Kindheit, aber auch um die sozialen Beziehungen in der Gegenwart, zum Beispiel Familiendynamik, Arbeitsplatz oder Zugehörigkeit zu sozialen Gruppierungen.

Suchtstörungen finden nie in einem sozialen Vakuum statt. In der Regel kann man davon ausgehen, dass neben dem eigentlichen Suchtkranken ein ganzes System besteht, welches die Sucht verstärkt oder ermöglicht. Ehepartner, die in dem Versuch zu helfen die Konsequenzen des Suchtverhaltens kompensieren, tragen wesentlich zur Erhaltung der Sucht bei. Das Gleiche gilt für Arbeitskollegen, die bereit sind, immer wieder Aufgaben zu übernehmen, die der Süchtige vernachlässigt hat. Nicht zuletzt ist auch die Gesellschaft insgesamt in vieler Hinsicht ein suchtförderndes soziales System. Zum Beispiel wirkt sich das soziale Netz, welches (glücklicherweise) in unserer Gesellschaft existiert, für viele Suchtkranke negativ aus. Bei Verlust des Arbeitsplatzes zahlt das Arbeitsamt, für die Behandlung der indirekten körperlichen Störungen zahlt die Krankenkasse usw., so dass es nicht zwingend notwendig ist, auf ein bestimmtes Suchtverhalten zu verzichten, um existieren zu können.

Neben dem sozialen System, in dem sich eine Sucht ausbildet oder erhält, gibt es natürlich auch sozialpsychologische Faktoren, die die suchtfördernden Persönlichkeitsaspekte in der Lebensgeschichte des Betroffenen geprägt haben. Zu diesen Prägungen gehört sehr häufig die Erfahrung, in einer Familie mit einem suchtkranken Elternteil aufgewachsen zu sein. Ansonsten ist es schwierig, spezifische Faktoren zu identifizieren – es gibt zwar bei jedem Betroffenen subjektiv oder auch objektiv eine lange Liste mit schwierigen Lebenserfahrungen, die mit der Entstehung der Suchtstörung in Verbindung gebracht werden können, aber diese Dinge geschehen anderen Menschen ebenfalls, ohne dass sich eine Sucht entwickelt. Letztlich muss man wohl annehmen, dass in jedem Fall eine Mischung aus Veranlagung, Umweltfaktoren und eigenen Anteilen zur Störung beigetragen hat.

Zu den psychischen Symptomen einer Sucht gehören neben der inneren Ausrichtung auf das Suchtmittel (»Tunnelblick«)

verschiedene andere Aspekte: soziale *Isolation*, wachsende *Existenz- und Zukunftsängste* und das Verlassen auf bestimmte Abwehrmechanismen: die *Verleugnung* der Sucht und ihrer Konsequenzen, die *Erklärung und Rechtfertigung* des Suchtverhaltens und die *Projektion* der Schuld auf andere.

Soziale Isolation: Im Verlauf einer Suchtstörung werden Kontakte mit anderen Personen zunehmend schwieriger und schließlich ganz abgebrochen – mit Ausnahme der Personen, die gemeinsam am Konsum der Substanz teilnehmen. Das führt in der Regel zu einer Verstärkung des Suchtverhaltens.

Ängste: Mit wachsenden Konsequenzen des Suchtverhaltens nehmen auch Ängste und Unsicherheiten zu. Da allerdings die Sucht nicht als das eigentliche Problem akzeptiert wird, bleiben die Ängste im Bewusstsein der Betroffenen diffus und äußern sich daher in Reizbarkeit, Aggression, Depression usw.

Verleugnung: Suchtkranke Personen, die (noch) nicht abstinent leben, werden selten oder nie vor sich selber oder anderen zugeben, dass sie die Kontrolle über ihr Suchtverhalten verloren haben. Sie reagieren in der Regel aggressiv, arrogant oder »belustigt«, wenn sie mit ihrer Sucht konfrontiert werden. Das Gespräch über die Sucht wird in der Familie fast immer verboten und Verstöße werden bestraft.

6. Geistliche Aspekte

Es ist mit Sicherheit kein Zufall, dass religiöse Aspekte in der Behandlung von Suchtkranken einen wesentlichen Platz einnehmen. Die Therapie der weltweit größten Suchthilfe-Organisation, der Anonymen Alkoholiker (AA), beruht auf einem 12-Schritte-Programm. Um zu verdeutlichen, welchen wichtigen Aspekt hier die geistliche Seite darstellt, einige Auszüge:

Schritt 2: Wir kamen zu dem Glauben, dass eine Macht, größer als wir selbst, uns unsere geistige Gesundheit wiedergeben kann.

Schritt 3: Wir fassten den Entschluss, unseren Willen und unser Leben der Sorge Gottes – wie wir ihn verstanden – anzuvertrauen.

Schritt 5: Wir gaben Gott, uns selbst und einem anderen Menschen gegenüber unverhüllt unsere Fehler zu.

Schritt 6: Wir waren völlig bereit, all diese Charakterfehler von Gott beseitigen zu lassen.

Schritt 7: Demütig baten wir ihn, unsere Mängel von uns zu nehmen.

Schritt 11: Wir suchten durch Gebet und Besinnung die bewusste Verbindung zu Gott – wie wir ihn verstanden – zu verbessern. Wir baten ihn nur, seinen Willen für uns erkennen zu lassen, und um die Kraft, ihn auszuführen.

Die Organisation der Anonymen Alkoholiker zählt sich dabei nicht zu einer bestimmten Religion und steht keiner Glaubensgemeinschaft nahe. Wenn man jedoch Suchthilfe-Organisationen, Kliniken usw. sieht, fällt auf, dass hier die christlich orientierten Gruppierungen vergleichsweise deutlich stärker vertreten sind als in anderen psychosozialen Arbeitsfeldern (zum Beispiel Blaues Kreuz, Diakonisches Werk, Caritas, Freundeskreise für Suchtkrankenhilfe und viele andere; Adressen siehe S. 75–76). Die Aspekte der Sinnfindung, der Lebensübergabe, der Bitte um Verzeihung und Schuldvergebung und des Gehorsams gegenüber geistlichen Ordnungen spielen eine erhebliche Rolle, in der subjektiven Erfahrung der Süchtigen wie in objektiven Erfahrungen. In der Arbeit mit genesenden Süchtigen hört man häufig persönliche Zeugnisse wie: »Um von der Flasche loszukommen, brauchte ich etwas Stärkeres als den Suff. Das habe ich bei Jesus gefunden.«

Heißt das, man muss nur richtig glauben, und schon sind die

Probleme gelöst? Sicherlich nicht, und auch die oben genannten Suchthilfe-Organisationen vertreten kein solches Modell. Im Gegenteil, oft werden geistliche Aspekte für die Entstehung der Sucht mitverantwortlich gesehen. Hierbei handelt es sich allerdings nicht um echte Glaubensinhalte, sondern um menschliche Normen, die in manchen christlichen Gemeinschaften oder Elternhäusern gelebt werden. Wie bereits erwähnt, trägt die Emotionalisierung der Abstinenz als moralisch höherwertiger Lebensform ein wesentliches Stück zur Häufigkeit des Alkoholismus bei. Auch sind lebens-, lust- und körperfeindliche Glaubensstile, wie sie manchmal vertreten werden bzw. wurden, ein erheblicher Beitrag zu Angst und Depression, die wiederum Sucht begünstigen.

Die Zusammenhänge zwischen Glaube und Sucht sind also nach beiden Richtungen zu beobachten: Auf der einen Seite gibt es viele, die aus der Enge und Gesetzlichkeit einer übermäßig strengen, rigiden religiösen Erziehung die Befreiung im Suchtmittel gesucht (und für eine gewisse Zeit oft auch gefunden) haben; andererseits wirkt ein befreiender und lebensbejahender persönlicher Glaube bei der Therapie von Suchtstörungen entscheidend mit.

7. Erscheinungsformen der Sucht

Da »Sucht« kein sauber definierter Begriff ist, wird damit eine Reihe sehr unterschiedlicher Zustände beschrieben. In den offiziellen Klassifikationen psychischer Störungen kommt der Begriff heute nicht mehr vor. Bezüglich der stofflich bewirkten Süchte unterscheidet man zwischen »Substanzmissbrauch« und »Substanzabhängigkeit«.

Missbrauch bezeichnet den wiederholten Gebrauch von Substanzen, die entweder illegal sind oder deren Gebrauch zum sozialen oder beruflichen Fähigkeitsverlust führt.

Abhängigkeit wird in der international gebräuchlichen Klassifizierung psychischer Störungen (APA 1994; siehe Literaturverzeichnis) genau definiert: Sie liegt dann vor, wenn *drei* der folgenden Bedingungen erfüllt sind:

- Entwicklung von Toleranz;
- Entzugserscheinungen bzw. Gebrauch von anderen, ähnlich wirkenden Substanzen, um Entzugserscheinungen zu verhindern;
- der Missbrauch findet häufig in größerer Dosierung oder über längere Zeit als geplant statt;
- es besteht ein starkes Bedürfnis, den Konsum einzuschränken oder zu beenden, bzw. Versuche, den Konsum einzuschränken, sind misslungen;
- viel Zeit und Aufwand wird zur Substanzbeschaffung investiert (zum Beispiel Diebstahl);
- früher ausgeübte wichtige andere Aktivitäten in Beruf, Freizeit oder Gemeinschaft werden wegen des Konsums aufgegeben;
- weiterer, stetiger Gebrauch trotz schwerwiegender Konsequenzen bei der körperlichen Gesundheit, im psychischen oder sozialen Bereich.

Egal, wie genau man versucht, »Abhängigkeit« zu definieren: Es gibt auch hier eine fließende Grenze zwischen Missbrauch und Abhängigkeit; ein »Punkt, der überschritten ist«, wird bei den Übergängen nicht oft deutlich. Am eindeutigsten zeigt sich der sogenannte *Kontrollverlust* als schwellenähnliches Ereignis.

Kontrollverlust bedeutet, dass eine Person es trotz ihrer angestrengten Bemühungen nicht schafft, den Konsum einer Substanz auf ein angestrebtes Maß zu begrenzen. Das heißt ein Alkoholiker kann entweder völlig abstinent leben oder wird süchtig trinken. Ein »normales« Trinken ist nicht mehr möglich. Alle bekannten Therapieansätze gehen davon aus, dass ein Kontrollverlust irreversibel ist – das heißt, dass genesende Süchtige lebenslang totalabstinent leben müssen, wenn sie die Oberhand über die Sucht behalten wollen. Doch auch wenn in der individuellen Suchtkarriere der Kontrollverlust irgendwann einmal als deutliches Zeichen der Abhängigkeit sichtbar wird, ist er durchaus nicht so eindeutig zu definieren. Zum Beispiel hat fast jeder Mensch in unserer Gesellschaft Kontrollverluste erlebt – wenn man zum Beispiel nur einen Riegel Schokolade essen wollte und dann doch die ganze Tafel verspeist hat. Das bedeutet aber nicht, dass man von nun an nie wieder Schokolade in Maßen essen kann. Den meisten Menschen gelingt es durchaus auch nach einem solchen Kontrollverlust, ihren Schokoladekonsum in Grenzen zu halten, ohne totalabstinent zu leben. Das heißt es gibt auch beim Kontrollverlust fließende Grenzen.

Bei der Begriffsbestimmung der Abhängigkeit wird häufig zwischen *psychischer* und *physischer Abhängigkeit* unterschieden. Physische (körperliche) Abhängigkeit wird je nach Schwere der Entzugssymptome definiert. Besonders bei den Substanzen, die das zentrale Nervensystem dämpfen (Alkohol, Beruhigungs- und Schlafmittel usw.), und den Opiaten (Heroin, Morphium) sind diese Entzugserscheinungen oft extrem unangenehm und können lebensbedrohlich sein. Daher ist ein Entzug von diesen Substanzen nur unter medizinischer Betreuung ratsam.

Doch bei genauerem Hinsehen ist auch die Unterscheidung zwischen psychischer und körperlicher Abhängigkeit eher eine Reflexion dessen, dass wir die hirnorganischen Wirkungsweisen der meisten Substanzen nicht genügend verstehen. Im Grunde ist deutlich, dass jede Substanz durch die Veränderung des Hirnstoffwechsels wirkt. Das heißt die Substanz muss an die Stelle von natürlichen, körpereigenen Botenstoffen treten; wenn es diese nicht gäbe bzw. die entsprechenden Rezeptoren, könnte eine Substanz nicht wirken. Wenn man also von »rein psychischer« Abhängigkeit spricht, heißt das nicht, dass Stoffwechselvorgänge hierbei keine Rolle spielen – selbst wenn noch nicht bekannt sein sollte, welche Stoffe durch den Konsum der Substanz nicht mehr körpereigen produziert bzw. im Übermaß produziert werden, welche Rezeptoren blockiert bleiben usw. Wenn also auch hier klare Grenzen eine Definitionsfrage sind, ist es doch sinnvoll zu unterscheiden zwischen Substanzen, die ein hohes Potential für schwere Entzugssymptome haben, und solchen, für die das nicht zutrifft. Der Begriff »ohne körperliche Abhängigkeit« bedeutet also nur, dass bei der betreffenden Substanz Toleranz- und Entzugsbildung nicht stattfindet.

8. Klassifizierung von Suchtmitteln

Suchtmittel mit körperlicher Abhängigkeit

Die folgenden Klassen von Substanzen erzeugen bei regelmäßigem Gebrauch Gewöhnung sowie Entzugssymptome, wenn man aufhört, sie dem Körper zuzuführen, und haben daher ein deutliches Potential für körperliche Abhängigkeit: Opiate, Beruhigungsmittel, Schlafmittel und Aufputschmittel.

Opiate: Hierbei handelt es sich um aus Opium hergestellte Mittel (Opiumderivate) wie Morphium und Heroin sowie ihre synthetischen Ersatzstoffe (zum Beispiel Methadon). Im medizinischen Gebrauch ist Morphium ein hochwirksames Schmerzmedikament. Opiumderivate wirken außerdem hustenreizstillend, sie reduzieren die Darmtätigkeit (helfen bei Durchfallerkrankungen) und verursachen einen Zustand psychischer Gelassenheit. Opiate werden in der Schmerztherapie erfolgreich eingesetzt und erzeugen bei berechtigtem medizinischen Einsatz erstaunlicherweise kaum Suchtprobleme, vielleicht mit Ausnahme von solchen Patienten, die vorher bereits Suchtprobleme hatten (zum Beispiel Alkohol).

Heroin wurde 1898 bei Bayer als ein Hustenmittel vorgestellt in der Hoffnung, einen nicht süchtig machenden Ersatz für Morphium zu finden. Das enorme Suchtpotential von Heroin stellte sich jedoch bald heraus; heute ist Heroin in keinem Land der Welt als legales Medikament zugelassen. Heroinsüchtige berichten, dass sie nach Gebrauch (Injektion) von Heroin einen starken, angenehmen Rauschzustand erleben.

Wenn auch im Vergleich zu Alkohol und Nikotin die auf Heroinsucht zurückzuführenden Todeszahlen in der Bevölkerung relativ gering sind, wird Heroin berechtigterweise als eines der schwerwiegendsten Suchtmittel eingeschätzt. Besonders erschwerend kommt hinzu, dass Heroin auf dem illegalen Markt teuer erstanden werden muss, so dass begleitende Kriminalität (Anschaffungskriminalität, Prostitution) ein erhebliches Problem bedeutet. Prostitution und der Austausch von Injektionsnadeln stellen außerdem ein erhebliches Ansteckungsrisiko für eine Vielzahl von Krankheiten, unter anderem AIDS, dar.

Beruhigungsmittel: Diese Klasse von Substanzen sind Mittel, die die Aktivität des zentralen Nervensystems dämpfen. Dadurch wirken sie angstlösend und beruhigend. Sie haben ein deutliches Abhängigkeitspotential und erzeugen Gewöhnung bzw. Entzugssymptome.

Die am häufigsten benutzte Substanz dieser Kategorie ist Alkohol. Es wird jedoch zunehmend deutlich, dass auch von Ärzten verschriebene Medikamente erhebliches Abhängigkeitspotential haben können und für eine zunehmende Anzahl Süchtiger in unserer Gesellschaft verantwortlich sind.

Die beunruhigende Zunahme von Suchtstörungen vor dem Hintergrund ärztlich verschriebener Medikamente steht leider noch im krassen Widerspruch zu dem Bewusstsein in der Bevölkerung und vieler Ärzte, welches mit der Möglichkeit einer Suchtstörung eher nicht rechnet. Das gilt für Schlafmedikamente (Hypnotika), die weiterhin sehr freizügig verschrieben werden, obwohl inzwischen klar ist, dass zumindest länger dauernde Schlafstörungen nicht mit dämpfenden Medikamenten behandelt werden sollten. Im Gegenteil: Normaler und gesunder Schlaf wird durch die langfristige Einnahme dämpfender Medikamente verhindert.

Aufputschmittel: Die am häufigsten missbrauchten Substanzen dieser Klasse sind Kokain und Amphetamine. Auch die für die meisten substanzbedingten Todesfälle in Europa verantwortliche chemische Substanz, das Nikotin, gehört in diese Kategorie. Weniger problematisch, aber ebenfalls mit einem gewissen Abhängigkeitspotential verbunden ist das Koffein.

Kokain ist ein weißes, kristallines Pulver mit einem bitteren Geschmack, welches aus den Blättern des südamerikanischen Kokastrauches gewonnen wird. Neben berechtigtem medizinischem Einsatz in der Chirurgie (schaltet den Schmerz aus, blutstillend) ist Kokain eine der am häufigsten missbrauchten Drogen der Welt. Der enorme Umsatz von Kokain in der westlichen Welt führte unter anderem dazu, dass weite Bereiche Südamerikas landwirtschaftlich und ökonomisch vom Kokainanbau abhängig sind. Auch mit Kokain hergestellte Stoffe wie Crack (welches üblicherweise in Tabak geraucht wird) haben in den letzten Jahren an trauriger Bedeutung gewonnen. Kokain erzeugt ein kurzfristiges, aber intensives Hochgefühl mit der Illusion fast unbegrenzten Erfolges und persönlicher Kompetenz. Zu den unerwünschten Nebenwirkungen gehört besonders in der Entzugsphase, dass Kokainsüchtige häufig einen Verfolgungswahn entwickeln, der wiederum dafür verantwortlich ist, dass bei den betroffenen Personen eine hohe Gewaltbereitschaft besteht.

Amphetamine wurden in den 30er Jahren als Behandlungsmöglichkeit für Erkältungen und Heuschnupfen entwickelt und sind chemische Substanzen, die das körpereigene Adrenalin ersetzen sollen. Als Wachmacher wurden Amphetamine im Zweiten Weltkrieg unter anderem auch bei Kampfpiloten eingesetzt.

Außerdem haben Amphetamine eine starke appetitzügelnde Wirkung, die häufig zum Missbrauch führt. Bei vorpubertären Kindern können Amphetamine die gegenteilige Wirkung haben, also beruhigend und konzentrationsfördernd wirken, und werden daher bei der Behandlung hyperaktiver Kinder eingesetzt. Wie Kokain- bedeutet Amphetaminmissbrauch ein hohes Risiko, psychotische Symptome auszulösen, ähnlich einer Schizophrenie (zum Beispiel Verfolgungswahn).

Aufputschmittel können sehr schnell abhängig machen. Während des Entzugs sind längere Müdigkeits- bzw. Schlafphasen die Regel.

Substanzen ohne körperliches Abhängigkeitspotential

Zu dieser Gruppe gehören hauptsächlich die Inhalantien, die Halluzinogene und die sogenannten Partydrogen (»Ecstasy«).

Inhalantien (»Schnüffelstoffe«) sind eine weite Klasse chemischer Lösungsmittel, die in der Regel von Jugendlichen eingeatmet werden, die sich »echte Drogen« nicht leisten können. Die Weltgesundheitsorganisation stellte 1994 fest, dass Inhalantien für die Straßenkinder weltweit die Droge Nummer eins seien. Während in Deutschland zwischen 0,1 und 1 % der 10- bis 25-Jährigen regelmäßig »schnüffeln«, sind in manchen Gebieten, besonders in Südamerika, bis zu beinahe 50 % (Mexiko City) der Kinder betroffen. Zu den benutzten Stoffen gehören Benzin, Lösungsmittel, Klebstoffe usw. In niedriger Dosierung kann eine leichte psychische Stimulation erfolgen, doch in höherer Dosierung erzeugen sie Übelkeit oder Bewusstlosigkeit. Gebrauch von Inhalantien kann dauernde Gehirnschäden erzeugen.

Halluzinogene sind Substanzen, die eine veränderte Wahrnehmung bewirken. Hier gibt es eine Vielzahl von synthetisch erzeugten chemischen Substanzen, am bekanntesten wohl das LSD. LSD erzeugt euphorische Gefühle und ein Abgehobensein von der Realität, eine subjektiv intensivere optische Wahrnehmung und führt häufig zu dem Phänomen, dass die verschiedenen Sinnesorgane in der Wahrnehmung überkreuzt werden (Farben werden gehört, Geräusche werden gesehen). LSD und ähnlich wirkende Drogen werden von den Konsumenten mit dem Ziel einer sogenannten Bewusstseinserweiterung eingenommen, führen aber häufig zu einer psychischen Abhängigkeit, zu erhöhter Gewaltbereitschaft und ernsthaften körperlichen Folgen.

Zu den Halluzinogenen gehört auch die am häufigsten missbrauchte illegale Substanz unserer Gesellschaft, nämlich das *Marihuana* bzw. die aus den Blättern und Zweigen der Marihuanapflanze (Cannabis) gewonnenen Harze, das *Haschisch*. Beides wird üblicherweise geraucht, wobei das konzentriertere Haschisch die stärkere Wirkung hat. Der Wirkstoff ist jedoch der gleiche: THC (Tetrahydrocannabinol) erzeugt einen Zustand von Entspannung, beschleunigtem Puls, das Gefühl verlangsamter Zeitabläufe, ein Gefühl verstärkter akustischer Wahrnehmung, Geschmack, Geruch und Berührung. Je nachdem, in welcher Dosierung und unter welchen Umständen die Droge genommen wird, können diese Effekte jedoch recht unterschiedlich sein. Körperliche Abhängigkeit entsteht nicht, eine psychische Abhängigkeit kann bei höherer Dosierung und regelmäßiger Einnahme erfolgen.

Das heißt jedoch nicht, dass die Benutzung von Marihuana ungefährlich sei. Neben den offensichtlichen Gefahren, wie zum Beispiel durch die hochgradig krebserregenden Stoffe in der Marihuanapflanze oder den Gefahren durch Auto fahren im Rausch, wird deutlich, dass die Benutzung von Marihuana die Denk- und Lernfähigkeit, auch die Konzentrationsfähigkeit, besonders bei Jugendlichen, stark behindert. Es ist außerdem offensichtlich, dass seelische Reifungsprozesse durch die Benutzung von Marihuana bzw. Haschisch behindert werden. Es gibt auch wissenschaftlich bestätigte Hinweise darauf, dass eine längerfristige Benutzung zu Lethargie und allgemeinem Mangel an Motivation führt.

Partydrogen sind im weitesten Sinne alle Drogen, die besonders in Diskotheken und auf Technopartys verkauft und konsumiert werden. Die bereits genannten Halluzinogene und Amphetamine gehören dazu. In den letzten Jahren hat besonders die Substanzgruppe, die unter dem Namen *Ecstasy* gehandelt wird, an Bedeutung gewonnen. Nach Polizeistatistiken benutzen etwa 50-70 % der Besucher von Technopartys diese Substanzen. Auch wenn, bezogen auf die gesamte Bevölkerung, das weniger als 0,2 % der Bevölkerung ausmacht, gehen Schätzungen davon aus, dass in der Gruppe der 18- bis 25-Jährigen 8–9 % der Jugendlichen Ecstasy nehmen – Tendenz stark steigend. Ecstasy erzeugt zwar Gewöhnung (das heißt man muss die Dosis steigern, um den erwünschten Effekt zu bekommen), führt aber nicht zu Entzugserscheinungen. Es bildet sich also keine körperliche Abhängigkeit. Eine psychische Abhängigkeit ist möglich.

Chemisch ist Ecstasy ein künstlich hergestelltes Amphetaminderivat. Es gibt verschiedene chemische Formeln; alle wirken aufputschend. MDA (Methylendioxyamphetamin) wirkt sehr halluzinogen, verändert also Wahrnehmung und Bewusstsein, wenn auch nicht so stark wie LSD. Aus MDA werden weitere Substanzen hergestellt: MDE (Methylendioxyethyl-Amphetamin) und MDMD (Methylendioxymeth-Amphetamin), die sehr ähnlich wirken: aufputschend, aber weniger halluzinogen als der Ausgangsstoff MDA. Ecstasy wurde bereits 1914 als Appetitzügler entwickelt, kam jedoch nicht auf den Markt. Seit 1986 ist die Substanz in Deutschland verboten.

Neben der erwünschten Wirkung hat Ecstasy eine Fülle von Nebenwirkungen, unter anderem werden körperliche Bedürfnisse wie Durst und Hunger nicht mehr wahrgenommen. Bei starkem Flüssigkeitsverlust und Erhitzung des Körpers (zum Beispiel bei stunden- oder tagelangen Tanzpartys) kommt es dadurch gelegentlich zu Todesfällen.

9. Alkoholismus

Aufgrund der weiten Verbreitung ist Alkoholismus die Sucht, die in unserer Gesellschaft bei weitem die größten sozialpsychologischen Folgekosten hat. Auch wenn die direkten bzw. indirekten Todesfälle durch Nikotin noch ein Vielfaches der alkoholbedingten Todesfälle ausmachen, sind die sozialen und psychischen Folgen der Alkoholabhängigkeit größer. Zudem tritt eine Alkohol- und Nikotinabhängigkeit häufig zusammen auf.

Alkoholkonsum in Zahlen

Weltweit stehen die Deutschen an der Spitze des Pro-Kopf-Konsums, mit 11,5 Litern reinen Alkohols pro Kopf. Seit 1990 (12 Liter pro Kopf) ist ein leichter Abwärtstrend zu beobachten. Wenn man jedoch bedenkt, dass 1950 der Verbrauch bei durchschnittlich etwa 3 Litern reinen Alkohols lag, wird deutlich, dass der Alkoholkonsum in Deutschland in den letzten 40 Jahren immens angestiegen ist (vor allem auf Grund der abhängigen Trinker). Die Jahresproduktion alkoholischer Getränke in Deutschland würde mit 12,6 Millionen Kubikmeter eine größere Talsperre füllen.

Laut Schätzungen der Deutschen Hauptstelle gegen die Suchtgefahren sind etwa 2,5 Millionen Bundesbürger behandlungsbedürftig vom Alkohol abhängig. Jede sechste Kündigung am Arbeitsplatz geht auf Alkoholprobleme zurück. Der starke Konsum hat wohl nur eine gute Seite: Bier-, Sekt- und Branntweinsteuern machen im Jahr etwa acht Milliarden DM aus.

Der durchschnittliche deutsche Mann trinkt am Tag etwa 30 g Alkohol, doppelt so viel wie die Frauen. Einen die Gesundheit gefährdenden Tageskonsum von mehr als 60 g haben 13 % der Männer; 7 % der Frauen konsumieren täglich mehr als 40 g Alkohol (für Frauen sind rund 20 g täglich gesundheitsgefährdend, für Männer nach anderen Untersuchungen 40 g). 20 g Alkohol sind zum Beispiel etwa in einem größeren Glas Wein enthalten (0,2 l) oder in einer Flasche Bier (0,5 l). Hier zur Information ein Überblick:

In den unterschiedlichen Getränken ist reiner Alkohol in unterschiedlichem Maße enthalten (circa-Angaben):

Getränk	Alkoholgehalt	Menge	reiner Alkohol
Wein	10 Vol. %	0,1 l	8,0 g
Bier	5 Vol. %	0,2 l	8,0 g
Sekt, trocken	10 Vol. %	0,1 l	8,0 g
Wermut	18 Vol. %	0,1 l	14,4 g
Eierlikör	20 Vol. %	2 cl	3,2 g
Fruchtlikör	30 Vol. %	2 cl	4,8 g
Korn	32 Vol. %	2 cl	5,0 g
Kräuterlikör	33 Vol. %	2 cl	5,2 g
Obstler	35 Vol. %	2 cl	5,6 g
Weinbrand	40 Vol. %	2 cl	6,4 g
Whiskey	50 Vol. %	2 cl	8,0 g
Calvados	55 Vol. %	2 cl	8,8 g

In den neuen Bundesländern passiert jeder sechste Unfall mit Beteiligung eines angetrunkenen Fahrers, im Westen ist es jeder elfte. Gesamtdeutsch ist Trunkenheit am Steuer bei jedem zweiten Verkehrstoten die Unfallursache.

Wegen des Alkoholmissbrauchs ihrer Mütter kommen in Deutschland insgesamt etwa 2 200 Kinder jährlich schwerst behindert zur Welt. Das ist eine mehr als doppelt so große Häufigkeit wie beim Down-Syndrom. Leichtere alkoholbedingte Geburtsschäden lassen sich nicht abschätzen, sind aber mit Sicherheit ein Vielfaches höher.

Natürlich sagen diese Zahlen wenig darüber, welcher Genuss mit dem Konsum von Alkohol verbunden ist – schließlich ist Genuss nicht gut messbar. Doch so viel ist deutlich: Alkoholmissbrauch verursacht unendlich viel Leid, Krankheit sowie andere menschliche und finanzielle Kosten, wahrscheinlich mehr als jeder andere einzelne Faktor.

Typen, Phasen und Entwicklung des Alkoholismus

Die Sichtweise des Alkoholismus als Krankheit geht zurück auf die Untersuchungen von E.M. Jellinek, die er im Auftrag der Weltgesundheitsorganisation bei mehr als 2000 Alkoholikern gemacht hat. In aller Kürze lassen sich seine Erkenntnisse auf zwei wesentliche Punkte zusammenfassen:

- Es gibt verschiedene Arten des Alkoholismus, die Jellinek mit den griechischen Buchstaben *alpha*, *beta*, *gamma*, *delta* und *epsilon* bezeichnete;
- Alkoholismus entwickelt sich bei zwei dieser Typen (delta und gamma) unumkehrbar in einer Abfolge immer schwerer werdender Phasen.

Alpha-Trinker sind Menschen, die an seelischen Störungen leiden und vom Alkohol psychisch abhängig sind, ohne jedoch die Kontrolle über ihr Trinken verloren zu haben. Der Alkohol dient ihnen als beruhigendes Medikament; auch wenn sie unter Umständen über Jahre hinweg trinken, entwickeln sie keine Toleranz oder Entzugssymptomatik. Sie können über längere Zeit auf den Alkohol verzichten und ihr Alkoholismus verschlimmert sich nicht. Alpha-Trinker können sich zu Gamma-Alkoholikern entwickeln; in diesem Fall ist dann der

Alpha-Alkoholismus eine Vorstufe des Gamma-Alkoholismus.

Auch wenn *Alpha-Alkoholiker* nicht »süchtig« sind, behindert ihr häufiges und schweres Trinken ihre Leistungsfähigkeit, Persönlichkeitsentfaltung sowie die Beziehungen zu anderen, besonders in der Familie.

Beta-Alkoholiker sind nicht psychisch oder körperlich abhängig vom Alkohol, haben aber deutlich alkoholbedingte Körperschäden wie Magenschleimhaut-Entzündung, Fettleber und Leberzirrhose. Auch hier verschlechtert sich die Krankheit nicht. Sie haben selten einen Rausch und sind daher nur schwer davon zu überzeugen, dass sie Alkoholiker sind.

Gamma-Alkoholiker gleichen am Anfang ihrer Erkrankung dem Alpha-Alkoholiker. Jedoch trinken sie in immer größer werdenden Mengen und entwickeln daher eine körperliche Abhängigkeit und Entzugssymptome. Sie erleiden einen Kontrollverlust, das heißt nach dem Trinken selbst kleinster Mengen Alkohol setzt ein starkes Verlangen nach mehr Alkohol ein. Schwerwiegende Leistungsverluste und Persönlichkeitsveränderungen sind die Folge.

Delta-Alkoholiker sind ebenfalls körperlich und seelisch abhängig und haben die Fähigkeit verloren, ohne Alkohol zu leben. Sie erleben zwar keinen Kontrollverlust, das heißt sie können die Menge Alkohol, die sie in einer gegebenen Situation zu sich nehmen, kontrollieren, haben aber ständig einen Alkoholspiegel. Wenn sie nicht trinken, erleben sie Entzugserscheinungen.

Schließlich gibt es noch die *Epsilon-Alkoholiker*, die zwar eine Zeit lang ohne Alkohol leben können, aber immer wieder mehrtägige Phasen exzessiven Alkoholkonsums erleben. Man bezeichnet sie auch als Periodentrinker. Das Verlangen nach einem Rausch tritt bei ihnen so außergewöhnlich stark auf, dass sie unter Umständen auch Brennspiritus oder andere, nicht zum

Verzehr geeignete alkoholhaltige Substanzen trinken. Die sozialen und gesundheitlichen Kosten der Rauschepisoden sind hoch.

Den Verlauf des Alkoholismus bei Gamma- und Delta-Trinkern hat Jellinek in vier Phasen eingeteilt:

- eine voralkoholische Phase, in der das Trinken nur ein Symptom seelischer Fehlhaltungen ist;
- die Frühphase, in der der Alkohol immer mehr Bedeutung bekommt und unter dem Einfluss von Alkohol Gedächtnislücken auftreten können;
- die kritische Phase, in der ein Kontrollverlust einsetzt bzw. die Fähigkeit, auf Alkohol zu verzichten, verloren geht, und
- die chronische Phase, in der ständige Vergiftung, schwere körperliche Symptome und ein allgemeiner Abbau stattfinden.

Da die Entwicklung vom Anfang bis zum Ende einer »Trinkerkarriere« fließend verläuft, ist die Bezeichnung »Phase« problematisch. Richtiger wäre es, von Stationen in einer lückenlosen Entwicklung zu sprechen. Die folgenden Stationen lassen sich in der Regel identifizieren:

- Gelegentliches Erleichterungstrinken. Alkohol wird hier benutzt, um seelische Störungen (Ängste, Hemmungen) zu überwinden, zum Beispiel bei gesellschaftlichen Anlässen. Der Unterschied zum »normalen« Trinken liegt darin, dass nicht mehr der Genuss im Vordergrund steht, sondern die Wirkung.
- Häufiges Erleichterungstrinken mit der Entwicklung von Toleranz.
- Blackouts (Erinnerungslücken) setzen ein. Die Abhängigkeit von Alkohol und Schuldgefühle wegen des Trinkens nehmen zu, heimliches Trinken beginnt, die Fähigkeit, normal über das Problem zu sprechen, geht verloren.
- Häufige Blackouts.

- Unfähigkeit aufzuhören, selbst wenn andere »genug haben«. Anzeichen unter anderem:
  - Ständiges schlechtes Gewissen.
  - Versuche der Kontrolle haben mehrmals versagt.
  - Versprechungen und Vorsätze wurden nicht gehalten.
  - Versuche, durch Flucht den Alkohol in den Griff zu bekommen (zum Beispiel Umzug, Stellenwechsel), haben versagt.
  - Verlust anderer Interessen.
  - Familie und Freunde werden gemieden.
  - Finanzielle und berufliche Schwierigkeiten.
  - Vernachlässigung (wie Essen, Körperpflege).
  - Verlust der normalen Willenskraft.
  - Körperlicher Abbau.
- Längere oder ständige Vergiftung, gekennzeichnet durch:
  - moralischen Abbau,
  - behindertes Denken,
  - Suche nach unterlegenen Trinkpartnern,
  - undefinierbare, diffuse Ängste,
  - völligen Willensverlust,
  - »Besessenheit« vom Alkohol,
  - Scheitern aller Versuche, Kontrolle zu gewinnen.

Diese Entwicklung findet natürlich nicht in einem sozialen Vakuum statt. Im Gegenteil, die Umwelt – Familie, Arbeitskollegen usw. – macht in der Regel eine parallele Entwicklung mit. Dabei spielt »hilfloses Helfen« eine wesentliche Rolle. Aus der Sicht der Angehörigen lässt sich der Alkoholkonsum begrenzen oder gar kontrollieren, wenn dem Alkoholiker möglichst alles Belastende aus dem Weg geräumt wird. So gewöhnt sich die Umwelt zunehmend daran, immer mehr Aufgaben zu übernehmen. Dabei werden auch diese Personen zunehmend von der Angst vor dem Alkoholkonsum bestimmt und geraten in den Strudel der Suchtstörung.

III. Beziehungen und Sucht

1. Der Teufelskreis der Sehn-Sucht

Wie oben beschrieben, liegt dem Suchtverhalten zugrunde, dass etwas Schmerzhaftes umgangen werden soll. Nun kann der Teufelskreis in Bewegung gesetzt werden: Der Schmerz wird vermieden; je mehr er aber vermieden wird, je mehr falsche Tröster nötig sind, desto mehr Schmerzhaftes wird ein Mensch erleben und deshalb immer mehr vermeiden müssen.

Zur Verdeutlichung zwei Beispiele:

Frau A. kann es nur sehr schwer ertragen, allein zu sein. Wenn sie allein ist, fühlt sie sich von allen verlassen, nicht lebensfähig, grübelt viel und fragt sich, warum sie eigentlich lebt. Sie fühlt sich dann vollständig wertlos. Nun hat Frau A. in einer Beziehung zu einem Mann erlebt, dass sie für Momente das Gefühl hat, lebendig zu sein. Dieses Gefühl der Nähe und Gemeinsamkeit beglückt sie so, dass sie darüber nicht wahrhaben will, dass sie und ihr Freund gar nicht zusammenpassen. Sie will immer mehr Nähe, kann nicht genug davon haben. Als die Beziehung dann zu Ende geht, macht sie sich sogleich auf die Suche nach einer neuen, damit sie »lebendig« werden kann. Sie braucht die Nähe, geht immer schneller intime Beziehungen ein, um diese Nähe zu finden, um für Momente die Einsamkeit nicht zu spüren. Sie klammert sich dann an ihren Partner, lässt ihn kaum aus den Augen, sie wird abhängig. Dadurch ist sie aber für ihn kein wirkliches Gegenüber, passt sich jeder Situation an und zeigt selbst keine Substanz. Das ist der Grund, warum die Beziehungen auch bald wieder zu Ende gehen. Ist sie dann wieder allein, fühlt sie sich schuldig, beschämt, weggeworfen. Sie beginnt zu grübeln, warum sie keine echten Beziehungen findet, und stürzt sich wieder in eine neue Freundschaft, um getröstet zu werden.

An diesem Beispiel wird deutlich: Je mehr Frau A. versucht, nicht mehr mit sich selbst so allein zu sein, desto mehr wird sie sich für Beziehungen öffnen, um sich beim Partner die Erfüllung zu holen, die sie bei sich selbst so vergeblich sucht. Dadurch erlebt sie aber Enttäuschungen. Ihr Einsamkeitsgefühl, ihre Selbstwertprobleme und ihre Grübelei vertiefen sich, und sie sucht weitere Beziehungen. Die Eigendynamik der Sucht zieht einen immer engeren Kreis um den Menschen. So eng, dass diesem keine andere Alternative zur Verfügung zu stehen scheint als die, die sein Leben noch mehr einengt.

Herr B. ist 32 Jahre alt, seit fünf Jahren verheiratet und nach abgeschlossenem Studium Angestellter einer kleineren Firma. Vor etwa sechs Monaten haben Herr und Frau B. ihr erstes Kind bekommen.

Scheinbar durch die Geburt des Kindes bedingt ist die Ehe emotional in große Schwierigkeiten gekommen. Herr B., der seine beruflichen Pflichten bisher immer sehr ernst genommen hat, aber in seiner Freizeit durch lockere Aktivitäten Ausgleich fand, vermisst nun plötzlich die Freundin und Spielkameradin, die er vorher in seiner Frau hatte. Gleichzeitig erscheint ihm seine Frau fremd, er fühlt sich aus der engen Zweierbeziehung zwischen seiner Frau und dem Baby ausgeschlossen. Ohne viel darüber nachzudenken, verbringt er mehr und mehr Zeit im Büro. Die wenige Freizeit, die ihm noch bleibt, verbringt er ebenfalls mit Kollegen beim Squash-Spiel. Die Vorwürfe seiner Frau, so habe sie sich eine Ehe nicht vorgestellt, verursachen ihm zwar Gewissensbisse, vergrößern aber die Entfremdung. So beginnt jetzt eine verhängnisvolle Spirale: Sie macht ihm Vorwürfe, weil er sich zurückzieht – er zieht sich zurück, weil die Begegnungen mit ihr immer frustrierender werden. Auch im Beruf setzt eine ähnliche Spirale ein: Je mehr Verantwortung er übernimmt, desto mehr

Arbeit wird an ihn herangetragen. Zehn Jahre später wird er mit hoher Wahrscheinlichkeit ein typischer »Workaholic« sein, Kandidat für einen Herzinfarkt, seinen Kindern und seiner Frau fremd und im Grunde schrecklich einsam.

Wie soll ein Mensch, der sich derart in falsche Bewältigungsversuche verstrickt hat, frei werden? Wie beendet man das »Nicht-mehr-aufhören-Können«? Die Schwierigkeit ist, dass man die Verstrickungen, in denen man sich befindet, selbst nicht sieht. So kann ein Alkoholiker überzeugt sein: »Was für ein Problem? Ich habe kein Problem, wenn ich trinke, sondern höchstens, wenn ich nicht trinke.« Ein süchtiger Mensch verzerrt in seiner Wahrnehmung die Realität so, dass er nicht sehen muss, wie es ihm gerade geht, er vielmehr die anderen beschuldigt, dass es ihm so schlecht geht, dass er zum Beispiel trinken muss. Eine beziehungssüchtige Frau wird sich selbst nicht als hilfsbedürftig ansehen, sie erlebt ja auch immer wieder, dass sie scheinbar nur durch einen Partner aus ihrer Not herauskommt. Sie hält krampfhaft daran fest, sie weiß auch gar nicht, wie sie ihr Leben anders gestalten sollte. Und wenn alle anderen doch dem Anschein nach so glücklich mit ihren Partnern leben, ist es besser, mit einem angeschlagenen, sehr kleinen, aber doch noch vorhandenen Selbstwertgefühl weiterzuleben, als sich diesen Rest selbst zu nehmen.

So ist es schwer, aus diesem Teufelskreis auszusteigen. Bei einem Alkohol- oder Drogenproblem werden die körperlichen Folgen und finanziellen Belastungen vielleicht irgendwann so hoch, dass man an den Punkt kommt, wo es nicht mehr anders geht und man sich eingestehen muss, dass man Hilfe braucht. Bei anderen Süchten ist das womöglich schwieriger. Obgleich sie einen Menschen genauso verstricken, können sie leichter ein ganzes Leben hindurch beibehalten werden. So kann einer mit einer Fernsehsucht alt werden, ohne dass der Punkt kommt, wo er sich eingestehen muss: »Ich kann nicht mehr, ich brauche

Hilfe. Ich schaffe es einfach nicht, mein Leben selbst zu leben; ich hole mir nur die billigen Sensationen und fremden Schicksale aus den Spielfilmen in mein Wohnzimmer. Ich kann keine eigenen Kontakte aufbauen, habe Angst vor Menschen, Angst davor, von ihnen verletzt zu werden.« Aber ein süchtiger Mensch muss diese Entscheidung, von der Sucht frei werden zu wollen, selbst treffen, niemand kann sie ihm abnehmen. Nur wenn ein Mensch seiner Wirklichkeit ins Auge sieht, sich seiner Situation vorbehaltlos stellt und sich selber eingesteht, dass er aus dem Teufelskreis ausbrechen muss, kann Veränderung einsetzen.

Offensichtlich spielt die Umwelt bei diesem Prozess eine wichtige Rolle. Bei dem Versuch zu helfen verhindert sie oft das, was der Betroffene bräuchte: ein Einstürzen der Lebenslüge, den Zusammenbruch, das Eingeständnis der verfahrenen Lebenssituation. Nicht nur vertuschen, viel mehr als »ein Tritt vors Schienbein«: die schmerzhafte Konfrontation mit der nackten Wahrheit. Die Psychotherapie spricht sachlich vom *Leidensdruck*, der erfahrungsgemäß die Voraussetzung für eine erfolgreiche Therapie sein muss.

Die oben genannten Beispiele zeigen ja sehr deutlich, dass Suchtverhalten eigentlich immer in einem zwischenmenschlichen Kontext zu sehen und zu behandeln ist. Nun stellt sich aber heraus, dass der Mensch, der den Ausstieg aus seiner Sucht wagt, in seiner Familie häufig sogar auf größere Schwierigkeiten stößt. Nicht, dass diese sich nicht wünschte, dass der Vater oder die Mutter wieder für die Familie da ist. Woran liegt das? Was treibt eine Familie dahin, den positiven Anfang der Gesundung des Süchtigen auf der einen Seite zu wünschen wie sonst nichts auf der Welt, auf der anderen Seite aber zu boykottieren, wenn sie denn einsetzt? Wieso werden die Versuche einer beziehungssüchtigen Frau, auf eigenen Füßen zu stehen, von ihrem Freundeskreis untergraben oder boykottiert?

Die Erfahrungen der Suchttherapie haben gezeigt, dass es

nicht ausreichend ist, nur den Einzelnen zu sehen, sondern dass das ganze Beziehungssystem behandelt werden muss, weil es gestört ist. Die Störung begrenzt sich nicht nur auf eine Person, sondern spielt sich zwischen Menschen, insbesondere Familienmitgliedern, ab und durchsetzt so das ganze Umfeld. In der Sprache der Psychologie ausgedrückt: Suchttherapeutische Ansätze müssen *systemisch* greifen und dürfen sich nicht auf das Individuum beschränken. Dabei darf die Rolle der Mitbetroffenen nicht auf die eines »Ko-Therapeuten« beschränkt bleiben, sondern auch sie brauchen *für sich selbst* Veränderung. Ob als Reaktion auf die Suchtspirale oder schon vorher mitgebracht: Die persönlichen Probleme der Mitbetroffenen sind erheblich. Solange der »böse Süchtige« trinkt, Drogen nimmt usw., werden diese Probleme maskiert. Sobald jedoch ein Heilungsprozess einsetzt, kommen sie massiv ans Tageslicht. Es ist sehr häufig die Regel, dass Ehepartner genesender Alkoholiker an irgendeinem Punkt entsetzt feststellen: Sie sehnen sich manchmal nach den alten Zeiten zurück.

2. Die Familie als »System«

Systeme gibt es in jedem Lebensbereich: in der Technik, aber auch im zwischenmenschlichen Miteinander. Jedes System ist aus verschiedenen Teilen zusammengesetzt, die auf eine bestimmte Weise miteinander verbunden sind, um einen gemeinsamen Zweck zu erfüllen. Das heißt: Ein System ist nicht nur die Summe seiner Einzelteile, sondern das Wesentliche ereignet sich im Zusammenspiel mit oft sehr komplizierten Regeln.

Ein einfaches System ist zum Beispiel der Regelkreislauf einer Heizung: Bei niedriger Temperatur meldet der Thermostat: »Es ist zu kalt.« Daraufhin springt die Heizung an. Später meldet dann der Thermostat: »Die Zieltemperatur ist erreicht«, woraufhin sich die Heizung herunterschaltet. Thermostat und Heizung stehen in Verbindung miteinander und bedingen sich gegenseitig. Scheinbar drastische Veränderungen in einem solchen System können so wirken, dass sich gar nichts wirklich ändert. Zum Beispiel versucht jemand, die Temperatur im Raum zu senken, indem er das Fenster öffnet. Kurzfristig spürt man eine frische Brise und seufzt erleichtert auf, aber schon bald »korrigiert« das Heizsystem und schaltet wieder auf »volle Kraft«. Eine wirkliche Veränderung setzt erst dann ein, wenn der Öltank leer ist und die Heizung ausgeht. Dann wird es schnell kalt und es nützt wenig, die Fenster zu schließen oder den Thermostat höher zu stellen. Systeme gehorchen Gesetzmäßigkeiten, die man nur dann versteht, wenn man das ganze System von außen sieht. Von innen betrachtet ergeben sich dagegen scheinbar logische Notwendigkeiten, die aber nur zur Verschwendung von Kräften führen.

Solche Gesetzmäßigkeiten gelten auch für andere, zum Beispiel wirtschaftliche oder politische Systeme. Auf einem Flugplatz ist jedem klar, welche Aufgaben jeder zu erledigen hat. Ein Fluglotse wird kein Flugzeug starten, eine Stewardess wird kein Gepäck verladen. Systeme sichern die einzelnen Mitglieder ab und helfen dabei, Handlungen auszuführen und Ziele zu erreichen. Dies geht so lange gut, wie alle Teilnehmer die Regeln einhalten. Wenn die Fluglotsen streiken, ist das System in Gefahr, und die anderen Mitglieder des Systems versuchen alles, um zu einer Stabilität zu kommen. Man geht auf Forderungen der Lotsen ein, um den Betrieb nicht zu gefährden.

Eine Familie ist auch ein System. Alle, die unter einem Dach leben, aber auch die auswärtigen Mitglieder und häufig sogar die schon Verstorbenen gehören dazu. Jedes Mitglied steht mit den anderen in Verbindung, erlebt sie, reagiert und wirkt so auch selber auf die Familie ein. So findet ein Kind schnell heraus, dass die Wahrscheinlichkeit, vom Vater ein Eis zu bekommen, größer wird, wenn es sich im Laden weinend auf den Boden wirft, während die Mutter davon ganz unbeeindruckt bleibt. Eine Familie lernt so, sich aufeinander einzustellen, und zwischen Mitgliedern der Familie entwickeln sich Verhaltensmuster, Gewohnheiten, also Rollenverhalten, die das System stabil halten. Ein solches stabiles Gleichgewicht wird immer wieder erreicht. Wenn eine Frau sich vornimmt, einen perfekten Haushalt zu führen, so erledigt sie die meisten Aufgaben vielleicht selbst, verzichtet auf die Hilfe anderer – und der Rest der Familie stellt sich darauf ein; man gewöhnt sich an den Anblick einer dauernd arbeitenden Mutter und daran, keine Aufgaben übernehmen zu müssen. »Die Mutter muss alles allein machen«, heißt es dann. Im Nachhinein ist es schwer auszumachen, wer in diesem Fall das Ei oder die Henne darstellt, wo also die Ursachen zu suchen sind – irgendwie sind alle beteiligt und ihre Verhaltensweisen, die sie weder bei sich selbst noch bei anderen wünschen, bedingen sich gegenseitig.

Um solche Systeme zu verändern, braucht es Gespräch und Begegnung mit dem Ziel, dass die einzelnen Mitglieder der Familie die anderen neu wahrnehmen lernen. So müssen Ehepartner vielleicht lernen, gegenseitig die Anzeichen der Erschöpfung wahrzunehmen, regelmäßig geruhsame Abende zu planen und die einzelnen Aufgaben in der Familie zu verteilen. Aber es kommt nicht immer zur Korrektur solcher Systeme, weil das, was der eine tut, um dem anderen zu helfen, die Probleme des anderen noch schlimmer macht. So könnte man sich in der oben geschilderten Familie zum Beispiel auch vorstellen, dass die Mutter insgeheim zwar darauf hofft, dass ihr endlich einmal jemand hilft, und sie deshalb immer gereizter reagiert. Wenn nun tatsächlich Hilfe angeboten wird, erteilt sie kurze Anweisungen und nörgelt an der Arbeit des Hilfeleistenden herum. Dies hat wahrscheinlich zur Folge, dass sich die Familienmitglieder abgewöhnen, ihre Hilfe anzubieten, und die Hausfrau möglicherweise ihren Arbeitsaufwand verstärkt, um zu zeigen, dass sie auch niemanden braucht, und sich dabei nach und nach in einen Zustand totaler Erschöpfung hineinarbeitet.

Wie sich ein System verfestigen kann

Hausfrau: »Niemand hilft mir, alles muss ich alleine machen. Ich bin sehr verletzt und ärgerlich.«
→ Reagiert barsch, arbeitet noch mehr und will ihrer Familie beweisen, dass sie wirklich niemanden braucht.

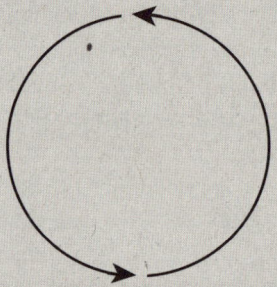

Familie: »Mama braucht uns nicht. Man kann ihr nichts recht machen. Sie will nicht, dass wir ihr helfen.«
→ Keine Hilfe.

Ein Beziehungssystem ist nur dann lebendig, wenn es korrigierbar ist. Ohne Korrektur verfestigt es sich, wird unflexibel und läuft letztendlich einem Kollaps entgegen. Und leider ist es auch so, dass manchmal erst dieser Kollaps, das Zusammenbrechen aller Lebensmöglichkeiten, wie oben erwähnt, eine Veränderung bewirkt. Denn das System funktioniert ja noch lange weiter, auch wenn es schon bedenklich in den Fugen knirscht.

Wie ist dies jetzt auf die Sucht zu beziehen? Eine Sucht entwickelt sich besonders gut in einem System, in dem die natürlichen Konsequenzen des Suchtverhaltens von allen getragen und abgefedert werden, ohne dass das Suchtverhalten selbst massiv mit der Realität konfrontiert wird. An die Stelle dieser Konfrontation (»Du bist süchtig und brauchst Hilfe!«) treten Vorwürfe und Schuldzuweisungen (»Reiß dich doch zusammen! Hast du denn gar keinen Willen? Wenn du es schon nicht aus Liebe zu uns tust, dann wenigstens deinetwegen . . .« usw.). Wo es solche festgefahrenen Systeme gibt mit fest vorgeschriebenen Rollen und einer oder mehreren kodependenten Personen, die bereit sind, immer wieder Opfer zu bringen, und sich vielleicht gerade dadurch selber »über Wasser halten«, kann sich eine Sucht oft über Jahrzehnte hinweg einschleifen und stabilisieren. Meistens ist die Familie ein solches System. Möglich ist dies aber auch in allen anderen intensiven Beziehungen, zum Beispiel zwischen Arbeitskollegen, in der Gemeinde, im Verein.

»Starke« und »Schwache« in einer Beziehung

In einem krank machenden Ehe-System gibt es häufig einen »starken« und einen »schwachen« Partner. Damit ist eine ungleiche Machtverteilung gemeint. »Schwäche« bedeutet hier nicht »Sucht«, sondern schwach ist der Partner insofern, als er sich unterwirft und dem anderen Teil die Direktion überlässt. Im Folgenden wird die eher typische Situation einer Ehe beschrieben, in der »er« trinkt und »sie« leidet. Häufig ist es in einer Ehe die Frau, die dem Mann seinen Willen lässt. Das heißt nicht, dass es den umgekehrten Fall nicht gäbe. In den Beratungseinrichtungen aber kommt die Not weiblicher Alkoholiker und der mitbetroffenen Ehemänner seltener zur Sprache – was aber daran liegen mag, dass es in unserer Gesellschaft leichter ist, als Hausfrau eine Alkoholsucht heimlich zu pflegen.

In wissenschaftlichen Untersuchungen hat sich herausgestellt, dass Ehefrauen alkoholkranker Männer häufig bereits in der Ehe bzw. Partnerbeziehung ihrer eigenen Eltern eine solche Rollenverteilung erlebt haben und so aus ihrer eigenen Familie das Gesetz mitgebracht haben, dass ein Partner mehr Macht und Recht hat sich auszuleben als der andere, der dafür aber trotzdem die Verantwortung übernehmen muss. Die »schwache« Frau fühlt sich sehr verantwortlich für den Mann, passt sich seinen Bedürfnissen an und versucht, das System aufrechtzuerhalten. Sie ist ein »Helfer«, beschwichtigt, gießt Öl auf die Wogen, versucht, die Katastrophe so gut es geht einzudämmen.

Das kann zum Beispiel so aussehen: Wenn der alkoholkranke Partner morgens nicht aus dem Bett kommt, weil er abends zu viel getrunken hat, ruft sie in der Firma an und sagt, dass ihr Mann eine Reifenpanne habe und deshalb später komme. Sie kann als gute Ehefrau doch nicht zulassen, dass ihr Mann die Stelle verliert! Sie muss doch seine Wäsche waschen, kann doch nicht zulassen, dass er in seiner bespuckten Kleidung herumläuft. Sie räumt die Wohnung auf, die er abends verwüstet hat. Im Sommer trägt sie langärmelige Blusen, damit man die blauen Flecken an ihren Armen nicht sieht, für die er verantwortlich ist. Sie versucht verzweifelt, alles zu tun, um die Fassade nach außen aufrechtzuerhalten. In ihren vier Wänden nörgelt, bettelt oder fordert sie, schüttet den Alkohol weg und fühlt sich dabei schuldig, weil sie es nicht schafft, den Partner aus seiner Sucht herauszuholen. Sie stellt überhöhte Ansprüche an sich selbst, organisiert ihre kaputte Welt bald perfekt und produziert so im anderen enorme Schuldgefühle.

Die Ehefrau wird auf diese Weise zur »Märtyrerterroristin«; sie erlebt sich ständig als jemand, der alles falsch macht. Durch ihr nach außen hin stilles und tapferes Leiden erhält sie sich ein Minimum an Kontrolle, an dem sie krampfhaft festzuhalten sucht. Dabei wird sie jedoch durch große Angst- und Schuldgefühle bestimmt, weil sie, obwohl sie doch alles recht machen will, nicht gegen den Rivalen Alkohol ankommt. Durch die Ausreden und Anschuldigungen des Mannes, der die Verantwortung für seine Sucht nicht übernehmen will, ist ihr Selbstwertgefühl zusätzlich geschwächt. Irgendwann wird sie beginnen, den Anschuldigungen ihres Mannes zu glauben: »Wenn du eine bessere Ehefrau wärest . . ., wenn du besser im Bett wärest . . ., dann wäre alles anders.« Die Schuldgefühle und Selbstzweifel verstärken sich, sie beginnt, sich selbst zu hassen.

Um aber diese Gefühle aushalten zu können und trotzdem noch zu funktionieren, muss sie das tun, was der süchtige Mensch auch tut: Sie verdrängt ihre Gefühle, blockiert sich selbst. Manche Frau greift möglicherweise selber zu Tranquilizern oder zum Alkohol, um dadurch eine eigene Suchtkarriere zu beginnen. Krankheiten werden für sie der einzige Weg, Zuwendung zu bekommen, sich selbst umsorgen zu lassen. Dabei entwickelt sich unterschwellig eine enorme Wut auf den Mann, der sein Leben und das der Familie zerstört, der so unmündig ist, dass er sich von seiner Sucht dirigieren lässt. Diese Wut wird nicht verarbeitet. Das Gegenüber ist nicht in der Verfassung, damit umzugehen – und so wird sie heruntergeschluckt, übertüncht von der Sorge und Hilfe für ihren Mann.

Wenn dann der Partner endlich aufhört zu trinken, möglicherweise vier oder fünf Wochen »trocken« ist, dann entlädt sich die Wut, vielleicht explosionsartig. Dann wirkt der Partner nicht mehr so zerbrechlich und hilfsbedürfig, er scheint wieder belastungsfähig zu sein, man kann ihn an seine Pflichten erinnern. Die Enttäuschungen in den Jahren der Aufopferung brechen hervor. Zugleich meldet sich das angekränkelte Selbstwertgefühl zu Wort: »Dein Mann braucht dich nun nicht mehr! Wenn er nüchtern ist, sieht er die verbrauchte Frau an seiner Seite und wird sich schnell eine neue suchen . . .«

Der Partner aber merkt: Wenn ich nüchtern bin, dann muss

ich erwachsen sein, mein Leben wieder selbst in die Hand nehmen, Verantwortung tragen. Wenn ich trinke, dann nörgelt sie zwar auch, aber im Grunde kann ich als »böser Bub« besser leben als mit den Aufgaben eines wirklich erwachsenen Partners.

Hier lauert ein neuer Teufelskreis. Jeder Teil reagiert auf die Bewegung des anderen. Der »starke« Teil der Beziehung bestimmt und dominiert. Diese Macht steht allerdings auf sehr schwachen Füßen. Es kostet ihn sehr viel, seine Schwachstellen nicht zu zeigen. Das Selbstwertgefühl des »Starken« kann so gering sein, dass er alle Kräfte daransetzen muss, um seine Position zu halten. Traurigkeit, Kraftlosigkeit, innere Leere, Einsamkeit, Schuldgefühle werden verdrängt, denn diese Gefühle würden ja die Kraftlosigkeit und Verlorenheit des »Starken« dokumentieren.

Nun kompensiert er häufig, etwa indem er darauf zurückgreift, was die Werbung so meisterhaft vorgaukelt: Harmonie und Geselligkeit auf einem Raddampfer mit guter Musik, Festivitäten, um den Erfolg bei der Regatta zu feiern, weiße Strände, Palmen, junge, schöne Menschen, die sich ganz locker ohne Tabus kennen lernen, oder rauschende Feste, die erst durch eine bestimmte Marke Rum ihre Krönung erhalten. Diese Art der Werbung ist Verführung. Sie gründet sich auf das Bedürfnis der »Starken«, die innere Leere auszufüllen, sich das zu holen, was fehlt.

In einem System kann sich ein Suchtverhalten lange behaupten, wenn alle mitspielen, ihre Rollen einnehmen und durchhalten. Und selbst wenn einer nicht mehr mitspielt und anfängt auszubrechen, kehrt das System durch eine andere Tür zurück und setzt die Verfahrensweisen wieder in Kraft. Nun sind es halt zwei, deren Verhalten kompensiert werden muss, auf die man ständig aufpasst, für die man die Kastanien aus dem Feuer holt und am Ende doch gar nichts erreicht. Und so übertragen sich die Regeln des Systems auch in die nächste Generation.

Der erste Schritt, solch ein System »aufzubrechen«, ist der, dass ein Teil es nicht mehr aushält. Dementsprechend muss der Leidensdruck oft erdrückend sein, damit das System zusammenbricht.

3. Die Regeln ändern

Ein System erhält sich dadurch, dass es nach Regeln funktioniert. Die Regeln eines Familiensystems setzen fest, welche Ziele eine Familie hat, wie die Machtverhältnisse sind, wie die Familie mit Veränderungen umgeht, wie innerhalb der Familie miteinander umgegangen wird, worüber gesprochen werden darf. Diese Regeln sind ungeschriebene Gesetze, werden jedem Neuankömmling beigebracht, und es wird sehr darauf geachtet, dass das System funktionsfähig bleibt. Das ist an sich vernünftig, denn jede Familie braucht Regeln und Normen, die das Verhalten zueinander dirigieren. Gesunde Regeln sind dadurch gekennzeichnet, dass sie menschlich, flexibel und offen sind. Das heißt, dass die Regeln zum Wohle aller aufgestellt werden, jedes Mitglied wertgeschätzt und ernst genommen wird. Gute Regeln berücksichtigen die Unterschiede zwischen den einzelnen Menschen und ermutigen zur Entfaltung der persönlichen Gaben.

Derart hilfreiche Regeln erfordern aber von den Verantwortlichen (in einer Familie sind das in aller Regel die Eltern), dass sie eine positive Beziehung zu sich selber und miteinander haben; Menschen, die ihre Stärken und Schwächen annehmen und bereit sind, sich zu korrigieren. Dieses gesunde Regelsystem wird man in einer süchtigen Familie nicht finden. Hier sehen die Regeln anders aus. Weil die »Regelmacher« wenig Selbstwertgefühl haben, stellen sie unrealistisch hohe oder niedrige Anforderungen an sich selbst und die anderen. Es ist dann nicht verwunderlich, dass mit überhöhten Ansprüchen und ungesunden Regeln das Selbstwertgefühl der einzelnen Familienmitglieder zunehmend Schaden nimmt.

Alte und neue Regeln

Jede Familie hat ihre eigenen Normen. Man redet zum Beispiel nicht über das Geld, das Papa nach Hause bringt; man spricht nicht von Tante Marias Körpergewicht; am Sonntag darf man lange schlafen; am Samstag wird das Auto gewaschen; beim Tischgebet macht man keine Mätzchen usw. Die Regeln, die möglicherweise zur Suchtstörung einer Familie beitragen, kann man nicht einzeln aufführen. Jede Familie hat auch da ihre eigenen. Trotzdem lassen sich, eher im Sinne einer Zusammenfassung, bestimmte Grundregeln des suchtfördernden Familiensystems aufzeigen, weil sie in Variationen immer wiederkehren.

Die Regeln einer suchtkranken Familie:

1. Nicht darüber reden – Schützen ist wichtiger als Wahrheit!
2. Vertrau keinem!
3. Zeig nie Gefühle!
4. Bleib in deiner zugeteilten Rolle!

Nicht darüber reden!

Ein elfjähriges Mädchen sagte zu mir: »Wissen Sie, Alkohol ist bei uns in der Familie wie ein unsichtbarer Elefant. Man sieht ihn nicht, man hört ihn nicht, eigentlich gibt es ihn gar nicht, aber egal, wo man hintritt, tritt man in die . . .!« (Sie mögen diesen Satz selbst beenden.) Dieses Mädchen hat ihre Situation sehr gut auf den Punkt gebracht. Der Elefant, das Alkoholproblem, ist sehr groß. So ein Tier muss Spuren in einer Drei-Zimmer-Wohnung hinterlassen – aber es wird tabuisiert. Die Sucht, der Alkohol, ständiges Streitobjekt der Familie, kommt eigentlich nicht selbst zur Sprache. Man redet nicht konkret darüber. Auch nicht über die Schuldgefühle, die jedes Familienmitglied hat. Das Versagenserlebnis beschränkt sich nicht auf ein oder zwei Mitglieder, alle Beteiligten halten sich für unfähig: Der Süchtige, weil er im Inneren erkennt, wie unkontrolliert und ohnmächtig er ist; die Frau, die trotz unermüdlichen Engagements nicht gegen den Rivalen Alkohol ankommt. Die Kinder fühlen sich nicht nur schuldig, weil sie oft als Sündenbock für die Fehler anderer herhalten müssen, sondern weil sie ja wirklich immer wieder erfahren: Ich kann es nicht recht machen.

Manches Kind versucht, durch gutes Betragen, Gehorsam und gute Schulleistungen das Familienklima positiv zu verändern – und schafft es nicht. Ein anderes hat möglicherweise gelernt, dass es eigentlich keinen Unterschied mehr macht, wie sehr man sich daneben benimmt, dass man auf keine Art und Weise ein Minimum an Zuwendung ergattern kann. Vielleicht hat es sogar unbewusst versucht, von der Problematik des Vaters abzulenken, indem es eigene Probleme produzierte, vielleicht sogar ebenfalls drogensüchtig wurde. Ein anderes Kind wird zum Sonnenschein der Familie, es wirkt fröhlich und charmant. Es hat gelernt, Spannung durch ein nettes Wort, einen Witz, durch Ablenkung abzubauen – aber die Grundsituation kann es auch nicht verändern. Manche Kinder ziehen sich in eine eigene Welt zurück, zu ihren geliebten Büchern vielleicht, aber auch sie erfahren, dass die Phantasiewelt und die Stofftiere nicht genügend Geborgenheit bieten. Da sie alle für sich allein kämpfen und nicht sehen, wie sehr ihr Verhalten sogar dazu beiträgt, dass sich letztlich gar nichts ändert, stehen sie der Außenwelt unterlegen und mit dem Gefühl der Minderwertigkeit gegenüber.

Das Aufrechterhalten einer Fassade verbraucht die meisten Kräfte. Aber man setzt sie unter Umständen bis zum Kollaps ein, weil das offene Reden über Alkohol, Drogen usw. bestraft wird, nicht nur von Seiten des Süchtigen. Diese Strafe äußert sich durch Aggression, märtyrerhafte Leidensbeweise, Liebesentzug, Abwendung usw.

Eine durch Alkoholsucht zerstörte Familie, die in die Praxis kam, hatte gerade einen Preis für den schönsten Vorgarten der Stadt bekommen. In fast jeder Hinsicht hatte sie es geschafft, als »perfekte« Familie zu gelten. Die nichtsüchtigen Familienmitglieder waren sogar davon überzeugt, dass sie damit dem Süchtigen helfen könnten, und hofften, dass er seinen Weg bald finden würde. Aber alle diese Kompensationen ermöglichen einer Familie, das Reden über die Sucht zu vermeiden, was für den Süchtigen immer bedeuten muss: So schlimm kann es ja wohl doch nicht sein . . .

Was sich oft langsam und kaum merklich in die Familie eingeschlichen hat, ist eine gemeinsame Lüge. Man macht sich vor, es sei besser und gar nicht anders möglich zu leben, als der Wirklichkeit aus dem Weg zu gehen. Wenn überhaupt über Alkohol geredet wird, dann in der Form von Vorwürfen. Aber auch dadurch wird die eigentlich notwendige Erkenntnis verhindert. Die Wahrheit lautet nämlich, dass der oder die Betroffene die *Kontrolle verloren hat* und gar nicht mehr anders kann als zu trinken, Drogen zu nehmen oder sein spezielles Suchtverhalten auszuleben. Die Wahrheit heißt also nicht: »Wenn du dich bloß ein bisschen zusammenreißen würdest . . .!«, sondern: »Du bist abhängig. Du brauchst Hilfe von außen, eine Entziehungskur usw., und ich werde dir nicht mehr helfen, diese Realität zu verleugnen, indem ich dir das Leben erleichtere.« Eine harte Wahrheit!

Vertrau keinem!

Das Gesprächsverbot bezieht sich sehr bald nicht mehr nur auf die Sucht und die daraus folgende Problematik. Man spricht nur noch oberflächlich miteinander, über Dinge des täglichen Bedarfs. Nicht aber über das, was bedrückt oder erfreut, was man wünscht oder erhofft. In der alkoholkranken Familie findet kein sensibler Austausch mehr statt. Man kann nicht mehr anvertrauen oder vertrauen. Stattdessen greift Misstrauen um sich. Man will sich keine Blößen geben, nicht verletzbar werden. Das Verhalten des Alkoholikers, eine Mauer um sich zu bauen, hat sich auf alle übertragen, und es scheint niemand da zu sein, der sich gegen diese tödliche Regel zur Wehr setzt. So bleiben die einzelnen Familienmitglieder zwar durch die gemeinsam erlebte »Schande« eng miteinander verschweißte Einzelkämpfer, aber misstrauisch untereinander und gegenüber anderen Menschen. In anderen Worten: Die Bindung zwischen den einzelnen Mitgliedern ist sehr stark, oft zu stark, aber sie wird nicht von Vertrauen getragen, sondern von Scham und der Angst vor der normalen Welt, in der man sich lebensunfähig fühlt.

Zeig nie Gefühle!

Diese Aussage ergibt sich zwangsläufig aus der zweiten Regel: Wenn ich niemandem vertrauen kann, mich und meine ureigensten Wünsche schützen muss, dann darf ich auch keine Gefühle zeigen. Wenn aber die Gefühle versteckt werden müssen, dann müssen sie durch irgendein Verhalten umgangen, also vermieden werden. Eine Weise, wie man sich selbst am besten aus dem Weg geht und Gefühle mit chemischen Mitteln verändert, ist den Familienmitgliedern schon vorgelebt worden. So ist die zweite Generation einer alkoholkranken Familie oft schon prädestiniert für den Alkoholismus. Neben die erbliche Veranlagung zum Alkoholismus tritt also zusätzlich eine soziale »Vererbung«.

Sind diese Regeln gut geübt und einstudiert und werden sie von den Familienmitgliedern eingehalten, ist es schwer, sie zu brechen. Da ist es kein Wunder, dass der Sucht in der Gegenwart, aber auch in der folgenden Generation, so schwer Einhalt geboten wird. Sucht wird zum Familienerbe.

Bleib in der zugeteilten Rolle!

Die emotionalen Kräfte der suchtkranken Familie sind meistens nahezu erschöpft. Die häufig gemachte Erfahrung, dass man sich auf die (zwar ernst gemeinten, aber nicht gehaltenen) Versprechen des Süchtigen nicht verlassen kann, führt zu einem starken Bedürfnis nach Strukturen, auf die man sich verlassen kann. So wird fast jede Veränderung als etwas Bedrohliches empfunden, häufig sogar die Veränderungen, die man sich sehnlich wünscht: dass der Süchtige im positiven Sinn »aus der Rolle fällt«.

Die Praxis zeigt, dass in den meisten suchtkranken Familien eine unflexible Rollenverteilung besteht, dass also jedes Familienmitglied eine Nische für sich bezieht, aus der es dann nicht oder nur schwer wieder herauskommt. Wenn es sich anders verhält, als es die Rolle vorschreibt, wird dieses Verhalten meistens von den anderen nicht wahrgenommen, oder wenn es gar nicht mehr zu übersehen ist, gar bestraft. Die Rolle des Ehepartners ist, wie bereits beschrieben, meistens die des »Zuhelfers«, der dafür sorgt, dass der Kranke lebensfähig bleibt, obwohl die Krankheit eigentlich lebensunfähig macht. Auch die Kinder tendieren zu übertriebenem Rollenverhalten, das die erwachsene Persönlichkeit später sehr stark bestimmen kann.

Ein Kind identifiziert sich nicht selten mit dem kodependenten Ehepartner und hält sich dann auch selber dafür verantwortlich, dass alles seine Ordnung hat. Gute Noten in der Schule, Hilfestellung im Elternhaus, eine viel zu hohe Bereitschaft, die Probleme der anderen zu den eigenen zu machen, kennzeichnen diese Kinder. Oft sind es die Ältesten. Sie halten die Ehre der Familie aufrecht und genießen, obwohl sie einen hohen Preis dafür zahlen, die Wertschätzung und Macht, die sich mit dieser Position verbindet. Wenn die Familie gesund wird, fallen diese Kinder von ihrem Sockel und sind dann häufig diejenigen, die dem Gesundungsprozess den größten Widerstand entgegenbringen. Häufig sabotieren sie diesen Prozess sogar, indem sie sich mit dem süchtigen Elternteil scheinbar verbünden und ihm zu seiner Droge verhelfen usw. Da sie häufig keine Spielkameraden haben und auch ihren Schulkameraden als »ständiges gutes Beispiel« entfremdet sind, fallen sie emotional oft in ein tiefes Loch, wenn sie aufgrund der Gesundung in ihrer Familie plötzlich nicht mehr »gebraucht« werden.

Ein anderes Kind, häufig das jüngste, identifiziert sich nicht selten mit dem Süchtigen. Verantwortung ist für es ein Fremdwort, und es hat gelernt, dass es sich nicht lohnt, Leistung zu bringen. Im Gegenteil: Als das »Problemkind« erhält es oft die besondere Erlaubnis, sich danebenzubenehmen. Aus der Angst, es könne ebenfalls in ein Suchtproblem hineingleiten, übernehmen die anderen seine Aufgaben, decken seine Fehler usw. Dabei spielt dieses Kind aber auch häufig den Sündenbock. Sein Versagen ist offenkundig und zieht die Familie in Mitleidenschaft. Also gilt es als Urheber aller Probleme, dient allen und für alles zur Entschuldigung. Die Familie braucht dieses »Sündenbock-Kind«. Wenn es ausnahmsweise einmal etwas recht macht, wird ihm das vielleicht sogar als Last vorgehalten: »Sieh mal, du kannst ja, wenn du willst . . . Warum musst du bloß sonst immer . . .« Probleme in der Schule, möglicherweise später mit dem Gesetz, sind programmiert. Die Sündenböcke sind aber erfahrungsgemäß oft motiviert, einen therapeutischen Prozess mitzugestalten, und können sich meistens leichter verändern als die »Helden«, da sie nicht viel zu verlieren haben.

Es gibt natürlich viele mögliche Rollen, in denen ein Kind einseitig festgelegt sein kann: als Clown, der alle zum Lachen bringt; als niedliche kleine Schmusekatze, die den Papa immer gut stimmen kann; als der Eigenbrötler, der nur in seinen Büchern zum Leben erwacht; als die schüchterne Mauerblume, die vom Prinzen träumt, der sie in sein Schloss holen wird usw. Wichtig ist dabei nicht die Qualität der Rollen, sondern dass das Kind darin so festgelegt ist, dass es ohne fremde Hilfe nicht mehr herauskommt.

4. Das System knacken

Regeln und Rollen zu durchbrechen ist nicht einfach. So ungesund sie sein mögen, so sehr sie auch einengen, bieten sie der Familie zumindest einen relativ klaren, in etwa berechenbaren Handlungsraum. Das heißt aber: Wenn es besser werden soll, muss man zuerst riskieren, dass alles nur noch schlimmer wird! Diesen scheinbar letzten sicheren Raum zu verlassen kostet große Mühe und ist oft mit panischer Angst verbunden. Es ist ja schon in gesunden Familien schwer, eingefahrene Regeln aufzugeben – das wird vielen Menschen deutlich, wenn sie als Erwachsene, die ihr Leben normalerweise autonom und selbstbewusst leben, besuchsweise in ihr Elternhaus zurückkommen. Dann unterwerfen sie sich automatisch den alten ungeschriebenen Regeln: Die Mutter kocht das Essen, einer deckt den Tisch, und der Dritte holt Getränke aus dem Keller. Vielleicht haben die Eltern noch immer nicht gelernt, das erwachsene Kind als Gesprächspartner ernst zu nehmen. Dieses reagiert brav, indem es nach

Kränkungen schmollt, anstatt sich klar auszudrücken, bei Tischgesprächen nur zuhört, ohne seine Meinung beizutragen, oder immer noch wie ein pubertierender Teenager provozierende Thesen in den Raum stellt. Eine solche an sich selbst entdeckte »Verjüngungskur« ist manchen Erwachsenen derart unangenehm und peinlich, dass sie den Besuch bei den Eltern lieber ganz vermeiden, als ihre wohl geübten, reifen Verhaltensweisen auch im Elternhaus zu praktizieren.

Hilfen für die Praxis

In einer suchtkranken Familie, in der alle krampfhaft nach Halt suchen, sind Veränderungen noch ungleich schwieriger. Und doch gibt es diese Möglichkeit für jede betroffene Familie. Wie fängt ein solcher Prozess an und wie kann er so weitergeführt werden, dass eine echte Genesung einsetzt?

a) Ich brauche Hilfe

Wie schon oben erwähnt, ist der erste Schritt aus diesem kranken System heraus die schlichte Erkenntnis, dass es so nicht weitergehen kann und Hilfe gesucht werden muss, weil die Verleugnung der Suchtproblematik einfach nicht mehr gelingt. Ohne Hilfe von außen schafft es kaum jemand, die Regeln zu durchbrechen und aus Rollen auszuscheren. Gute Hilfestellung bieten die verschiedenen Selbsthilfegruppen, zum Beispiel die Anonymen Alkoholiker, das Blaue Kreuz oder die Freundeskreise für Suchtkrankenhilfe, die Hilfen für Betroffene sowie für Angehörige und Kinder von Alkoholikern anbieten.

Inzwischen gibt es, auch durch die Arbeit der Deutschen Gesellschaft für Biblisch-Therapeutische Seelsorge (DGBTS), in Deutschland eine Anzahl therapeutisch geschulter (Laien-) Seelsorger, die als Ansprechpartner zur Verfügung stehen. In BTS-Gruppen, die sich ebenfalls an vielen Orten treffen, kann man Hilfe und Unterstützung finden. Ebenso greift professionelle Hilfe, wie sie zum Beispiel vom Blauen Kreuz oder von Beratungsstellen der Diakonie und Caritas angeboten wird. (Eine Liste mit Adressen findet sich im Anhang.) Dort trifft man Menschen, die wissen, wie so eine Suchtspirale entstehen kann, und die zuhören, ohne abzustempeln. Wenn man mit Scham und Schuldgefühlen beladen ist, dann ist es wichtig, anderen Betroffenen zu begegnen, die einen menschlich und ungezwungen, aber ohne »Samthandschuhe« behandeln und dabei helfen, die Sprachlosigkeit endlich zu überwinden. Häufig sind es die Familienmitglieder, die es nicht mehr aushalten und Hilfe brauchen. Die Fassade des Suchtkranken selbst erhält sich meist so lange, bis der absolute Zusammenbruch kommt.

Ich brauche Hilfe: Das bedeutet, ich bin auch als Angehöriger hilfsbedürftig, ganz gleich, ob die süchtige Person selber bereit ist, Hilfe anzunehmen oder nicht. »Ich kann meine Probleme ja nicht lösen, weil . . .« ist immer eine faule Ausrede, auch wenn wir sie uns selber glauben.

b) Ich muss mich ändern, nicht den anderen

Gerade weil die Sucht auf die Mithilfe anderer baut, ist es so wichtig, dass die Familie eine Veränderung nicht nur theoretisch will, sondern auch bereit ist, sich selbst zu ändern. Um den Gesundheitsprozess für die ganze Familie in Gang zu setzen, braucht sie die Unterstützung einer Selbsthilfegruppe oder eines professionellen Beraters. Es ist ein großes Stück Arbeit zu erkennen, dass die Suchtproblematik die Familie und das Umfeld betrifft und die eigene Persönlichkeitsreifung eingeschränkt wird; dass die Droge (zum Beispiel Alkohol) in der Familie ein Problem ist, an dem alle ihren Anteil und häufig die Sucht erst möglich gemacht haben. Trotzdem: Die notwendige Veränderung geschieht nicht um des anderen, süchtigen Partners willen. Das eigene Leben muss wieder Sinn erhalten, die

Abhängigkeiten von anderen, nicht nur dem süchtigen Menschen, müssen gelöst werden, und die eigenen Ziele und Wünsche müssen wieder ihren Raum finden. *Ich brauche Hilfe für mich.*

c) Aus der Rolle fallen

Wenn die Familienmitglieder sich für Hilfe von außen öffnen, beginnen sie, die Regeln zu durchbrechen; sie lernen, Gefühle und Wünsche wieder wahrzunehmen und auszusprechen. Dabei müssen sie wahrzunehmen lernen, in welchem Maß sie sich selbst und die anderen Familienmitglieder in »Schubladen« gebracht haben, aus denen sie nur sehr schwer wieder herauskommen. Der »Held« muss lernen, versagen und Fehler machen zu dürfen, zu spielen usw. Der »Versager« muss lernen, Erfolge anzustreben und anzuerkennen. Das »Mauerblümchen« lernt, auf andere zuzugehen; das »niedliche Maskottchen« hört auf zu schmusen und lernt, sich zu ärgern; der »Clown« fängt an, schwierige Situationen auszuhalten und nicht jede Anwandlung eines ernsten Gespräches zu entschärfen. Paradoxerweise liegt die Chance des Süchtigen darin, dass die Familienmitglieder aufhören, ihr Verhalten auf ihn abzustimmen, und ihre eigene Entwicklung in die Hand nehmen, so dass er selbst näher an die Krise kommt, die er braucht, um aus seiner dauernden Selbsttäuschung aufzuwachen.

d) Die Sucht nicht mehr akzeptieren, sondern den Süchtigen mit der Realität konfrontieren

Hierin liegt eine Stärke der Familie, dass oft auch ohne totalen Zusammenbruch eine Veränderung herbeigeführt werden kann. So kann sich zum Beispiel eine Familie »zusammentun« und ihr süchtiges Mitglied mit seiner Haltlosigkeit und Krankheit konfrontieren, *aber nicht auf Kosten der eigenen Persönlichkeitsentwicklung*!

Die Konfrontation ist nicht einfach, denn häufig fürchtet die Familie – berechtigterweise – die Wut des Süchtigen und fühlt sich ihm gegenüber als Verräter, denn die alten Rollen schreiben vor: Alle müssen gut funktionieren, müssen ein »guter« Ehepartner, »gute« Kinder sein. Wenn alle, die mit dem Abhängigen zu tun haben, Familie, Kollegen, Gemeinde usw. den Süchtigen mit der Wahrheit über sich selbst konfrontierten und sie nicht beschönigten, würde mancher Alkoholiker nicht an seiner Krankheit sterben. Viele Familien würden nicht auf Jahrzehnte voller Qual und Sorgen zurücksehen.

Dabei werden in einer Konfrontation dem Süchtigen keine Vorwürfe gemacht – er bzw. sie ist ja ebenso gefangen in der Sucht wie die anderen. Nur die Folgen werden nicht mehr stellvertretend für den anderen ausgebadet, man sagt die Wahrheit und durchbricht eine Mauer aus Scham. Der Schutzraum für die Sucht muss durchbrochen werden, zum Beispiel dadurch, dass die Ehefrau nicht mehr den Chef anruft, um den Mann zu decken, die Kinder nicht mehr um des lieben Friedens willen ihre Verletzungen herunterschlucken, die Arbeitskollegen nicht mehr bereit sind, für den anderen Überstunden zu machen, und die Gemeinde nicht mehr mit dem Mantel der »barmherzigen« Heuchelei zudeckt, was die Wahrhaftigkeit aufdecken muss. Konfrontation zeigt dann Wirkung, wenn ein Ableugnen und Verteidigen nicht mehr möglich ist, weil die Tatsachen den Widerstand des Süchtigen erdrücken. So oder auch anders kann es zu dem Punkt kommen, an dem das alkoholkranke Familienmitglied merkt: »Ich bin für mich und auch für mein Trinken verantwortlich, ich muss auch für meine Genesung verantwortlich sein.«

Diesen ersten Schritt zur Selbstverantwortung muss jeder süchtige Mensch und jede süchtige Familie gehen. Wie schon erwähnt, ist der Leidensdruck, oft die Krise, notwendig, um aus der Suchtspirale auszubrechen. Das gilt auch für die Alltagssüchte »ohne Chemie«: Bei der sexsüchtigen Frau kommt eine solche Krise womöglich, wenn sie älter wird und merkt, dass ihre Lebensuhr nicht angehalten wird, solange sie eine Beziehung nach der anderen wegwirft. Der Arbeitssüchtige wird vielleicht erst durch den Herzinfarkt gestoppt. Für viele Alkohol- und Drogenabhängige kommt die Krise zu spät – die Leber ist zerstört, die Ehe kaputt, der Arbeitsplatz verloren, die Kinder entfremdet.

5. Umgang mit Schuld

Wenn ein Mensch erkennt, dass er selbst verantwortlich ist und ihm niemand diese Verantwortung abnehmen kann, wird er ganz massiv mit Schuld konfrontiert. So ist es nicht verwunderlich, dass viele Alkohol-Selbsthilfegruppen aus dem christlichen Raum kommen. Selbst säkulare Selbsthilfegruppen wie die Anonymen Alkoholiker betonen die Notwendigkeit einer geistlichen Erneuerung. Das ist kein Zufall, da der betroffene Mensch in der Erkenntnis seiner Verantwortung mit seiner existentiellen Schuld konfrontiert wird, das heißt erkennt: »Ich bin nicht der Mensch, der ich eigentlich sein sollte. Egal wie ich mich anstrenge, nicht mehr zu trinken, egal wie sehr ich mich anstrenge, einen anderen vom Trinken abzuhalten – ich komme an meine Grenzen und versage.« Oder: »Die Erfolge, die ich mühsam errungen habe, haben meine innere Minderwertigkeit nur notdürftig verdeckt und viel Schaden angerichtet. Die Zeit, die ich in meine Arbeit und nicht in mich selbst und meine Familie investiert habe, ist verlorene Zeit gewesen.«

Vorwürfe und Schuldzuweisungen sind im Umgang mit Süchtigen nicht angebracht. Sie helfen nicht und entstammen meistens dem Bedürfnis des anderen, die eigene Überlegenheit zu beweisen. Die Schuld des Süchtigen ist auch nicht größer oder schwerer als die des Nicht-Süchtigen (1. Mose 8,21; Römer 3,23). Aber Sucht führt oft dazu, dass dem Betroffenen seine Schuld offensichtlich und bewusst wird. An diesem Punkt wird die teuflische Sucht oft zu einem Angelpunkt der Gnade Gottes, die Heimsuchung zur Heim-Suchung. Christen wissen: Die belastende Vergangenheit verhindert nicht, wieder einen Sinn für das Leben zu finden und Veränderungen in Angriff zu nehmen.

Die »höhere Macht«, die auch die Anonymen Alkoholiker in ihr Programm aufnehmen, ist eben kein anonymes Geistwesen, sondern in Jesus Christus ein lebendiger Gott, der dem einzelnen Menschen dort begegnen will, wo dieser gerade steht. Das Wunderbare ist, dass dieser Gott die Sünde, das heißt die Zielverfehlung eines Menschen kennt. Kein Mensch wird aus sich selbst zu dem, was Gott in ihn hineingelegt hat, sondern wir sind von unserem Schöpfer und dadurch auch von uns selbst und unserem Nächsten entfremdet. Deshalb gibt es das Evangelium – eine gute Nachricht für die Menschen, die Versöhnung mit Gott und auch mit sich selbst nötig haben, die mit ihrer Schuld nicht fertig werden, die merken, dass sie ihr Lebensziel verfehlt haben. Jesus Christus bietet diese Versöhnung an. Vor ihm darf jeder schuldig sein, er zeigt den Weg aus der Schuld heraus. Das geschieht aber nur dann, wenn der Mensch es zulässt. Wie sich ein Mensch schuldig gemacht hat, wodurch sich jemand von sich selbst und von anderen Menschen zerstörerisch entfernt hat, ist dabei zweitrangig.

Durch die göttliche Gnade und die in Jesus Christus angebotene Vergebung bleibt es dem Menschen aber nicht erspart, die Verantwortung für sein Leben wieder mehr und mehr selbst zu übernehmen. Der Prozess, sich selbst zu begegnen und seine Handlungen nicht mehr durch das Suchtsystem steuern zu lassen, beginnt jetzt. Schuld vor den Menschen zu bekennen, bei denen man sich schuldig gemacht hat, und sie um Vergebung zu bitten, kann nötig sein (vgl. Matthäus 6,14). Dieses (zugegebenermaßen oft peinliche) Handeln ist wohl notwendig für befreite neue Beziehungen zu den Menschen, die mit unter der Sucht gelitten haben. Diese haben es dabei nicht leicht, denn im Allgemeinen ist ihnen der »reumütige Sünder« ja nicht neu und deshalb auch vor religiösem Hintergrund oftmals höchst suspekt. Versöhnung ist hier also nicht als einmaliger Akt möglich, sondern ist ein Heilungsprozess, der Zeit braucht.

Auch für die Mitbetroffenen ist die Konfrontation mit der eigenen Schuld und den erlittenen Verletzungen keine »Wischund-weg-Affäre«. Für viele suchtkranke Familien muss es deshalb eine jahrelange seelsorgerlich-therapeutische Begleitung geben. Ein Neuanfang, bei dem die Schuld für alle Zeit in die tiefsten Tiefen des Meeres versenkt wird, ist bei Gott möglich – aber nicht bei Ehepartnern, Kindern oder Eltern. Vertrauen muss neu aufgebaut werden.

Auch das Suchtpotential ist nicht ohne weiteres auszuräumen. Der Alkoholkranke kann wieder rückfällig werden, und viele werden es irgendwann auch. So wie für den Süchtigen seine Anfälligkeit bleibt, steht auch eine Familie, die Heilung erlebt hat, in der Gefahr, in die alten Regeln und Rollen zurückzufallen. Wie gut, dass Gottes Angebot nicht lautet: »O.K., jetzt vergebe ich dir noch einmal, aber dann musst du von jetzt an . . .« Fallen ist menschlich, Liegenbleiben teuflisch, Aufstehen göttlich: »Schaut doch, was für eine Liebe uns der Vater geschenkt hat, dass wir Kinder Gottes genannt werden, und wir sind es auch« (1. Johannes 3,1).

6. Fragen an mich selbst und meine Gemeinde

Jesus bietet an, dass wir uns von ihm in die Karten sehen lassen und die »Suche nach mehr« bei ihm zur Ruhe kommen kann. *Er* möchte an die Stelle unseres aufgeblähten Stolzes ein Selbstwertgefühl setzen, welches auch für die eigene Person dankbar sein kann (vgl. Psalm 139), so wie sie ist. An die Stelle von Scham und Schuld setzt er Barmherzigkeit, Gnade und Demut. Wo ein Leben von dem Zwang nach mehr Leistung, mehr Geld, mehr Lust, mehr Drogen usw. bestimmt wurde, setzt er die Freiheit, auch zum Verzicht. In der Gemeinde, wo viele Menschen beisammen sind, die das Versöhnungsangebot Jesu angenommen haben, sollte es dem Einzelnen leichter fallen, zu reden, Vertrauen zu schenken und Gefühle zu zeigen. Genau das ist es, was die suchtkranke Familie dringend braucht, um einen Gegenpol zu Familienregeln zu schaffen.

Es ist natürlich auch in der Gemeinde oft nicht das Göttliche, sondern das sehr Menschliche, was überwiegt. Vielerorts zeigt sich: Gerade da, wo Unterstützung und Begleitung von Schwachen eigentlich selbstverständlich sein sollten, lehnen Gemeinden die Hilfesuchenden ab und nehmen die Not gar nicht wahr. Die Einladung, die Jesus jedem Menschen zuspricht, wird zwar artikuliert, aber in der Realität der gelebten Gemeinschaft darf es dann doch oft nicht sein, dass jemand versagt, Fehler macht oder schlicht »ein Sünder« ist. Menschen werden nicht bedingungslos akzeptiert. Die Perspektive, dass Gott keinen Unterschied zwischen Menschen aufgrund ihres Sündenregisters macht, bleibt außer Acht. Die Gesetzlichkeit schafft sich neben der Gnade Bahn, wenn man nur ein »kleiner« Sünder sein darf und »einem Christen doch keine schlimmen Fehler passieren«.

Gottes große Barmherzigkeit wird durch unsere Maßstäbe reduziert. Er macht aber keinen Unterschied zwischen »großen« und »kleinen« Sündern. Während das Angebot Gottes Veränderung und Neuanfang möglich macht, schafft unsere Gesetzlichkeit Heuchelei, Scham und Selbstgerechtigkeit. So ist es leicht verständlich, dass sich auch in Gemeinden solche Regeln bilden, wie sie in der suchtkranken Familie gelten: Nicht über

Versagen reden, nicht wirklich dem anderen vertrauen, nur die »guten« Gefühle zeigen und ja nicht aus der Rolle fallen.

Damit entsteht aber eine scheinfromme Einheit, der man sich entweder anpasst oder wo man aneckt. Anstatt die individuellen Gaben der einzelnen Glieder zu fördern, wie es nach 1. Korinther 12 unsere Aufgabe wäre, wird der Handlungsraum des einzelnen Gemeindemitglieds stark eingeschränkt. Damit entfernen wir uns von der Freiheit, die in Christus zu finden ist.

Deshalb ist es für Gemeinden wichtig, sich fragen zu lassen, welche Ziele sie eigentlich haben. Muss eine Gemeinde nach außen hin etwas darstellen und werden deshalb Querelen zwischen den Gemeindegliedern vertuscht? (Heuchelei wird ja gerade vom heutigen Menschen sehr schnell durchschaut: Alles, was nur um des »guten Zeugnisses« willen getan wird, ist am Ende ein schlechtes Zeugnis.) Immer wieder ist zu fragen: Wie werden Aufgaben verteilt? Können auch die Verantwortlichen ihre Glaubenszweifel nennen? Darf man auch in »höheren« Positionen Fehler machen? Bemüht man sich darum, eine Atmosphäre zu schaffen, in der Beichte stattfinden kann und Seelsorgegespräche keinen persönlichen Makel darstellen? Gemeinden, die auf dem Wege sind, eine Gemeinschaft von fröhlichen und gerecht gemachten Sündern zu werden, können sich und Hilfesuchenden dazu verhelfen, ganzheitliche Menschen zu werden – Menschen, die im Blick auf Gott ihr Leben gestalten, Versagen und Erfolg zulassen und in dem Sinne, wie Gott sie geschaffen hat, ihr Selbst verwirklichen können.

Unsere Gemeinden, Hauskreise und Gemeinschaften sollen nicht den ersten Preis für die schönsten Fassaden, das unbeirrbarste Lächeln oder die heilste Welt erzielen. Die Frage, an der wir gemessen werden, lautet: Habt ihr Mut, wahrhaftig zu sein und ans Licht zu kommen (Johannes 3,21)? So dienen wir auch denen, die am Rand unserer Gemeinden stehen (Matthäus 25,31-46).

Was in diesem Sinne für die Gesamtheit einer Gemeinde Gültigkeit hat, fängt bei jedem einzelnen Menschen an: Christen haben in Bezug auf die Reifungsarbeit und die Arbeit an der eigenen Persönlichkeit gegenüber Menschen, die nicht glauben, keinen Vorsprung. Sie wissen aber, dass Gott ihre dunklen Ecken schon längst kennt und sie trotzdem für unendlich wertvoll erachtet, weil sein Sohn alle Zwänge und Zielverfehlungen mit ans Kreuz genommen hat.

KONTAKTADRESSEN

Hilfestellung bieten zuerst einmal die örtlichen Beratungsstellen und Suchthilfeorganisationen, deren Adressen im Telefonverzeichnis und in örtlichen Zeitungen zu finden sind.

Anonyme Alkoholiker (AA)
Postfach 46 02 27
80910 München
Tel.: 0 89 / 31 64 343

Blaues Kreuz in Deutschland e.V.
Freiligrathstr. 27
42289 Wuppertal
Tel.: 02 02 / 62 00 30

Bundesarbeitsgemeinschaft der Freundeskreise für
Suchtkrankenhilfe e.V.
Kurt-Schumacher-Str. 2
34117 Kassel
Tel.: 05 61 / 78 04 13

Deutscher Caritasverband e.V.
Referat Besondere Lebenslagen
Postfach 420
Lorenz-Werthmann-Haus
79004 Freiburg i. Br.
Tel.: 07 61 / 20 03 69

Deutsche Gesellschaft für Biblisch-Therapeutische Seelsorge
Lauterbadstr. 31–39
72250 Freudenstadt
Tel.: 0 74 41 / 92 90

Deutsche Hauptstelle gegen die Suchtgefahren
Westring 2
59065 Hamm
Tel.: 0 23 81 / 9 01 50

Gesamtverband für Suchtkrankenhilfe im Diakonischen Werk
der Ev. Kirche in Deutschland e.V.
Kurt-Schumacher-Str. 2
34117 Kassel
Tel.: 05 61 / 10 95 70

LITERATURHINWEISE

American Psychiatric Association (APA), *Diagnostic and statistical manual of mental disorders, 4. Auflage* (DSM IV), Washington, D.C. 1994

Bundesministerium für Gesundheit, *Verordnungspraxis von Medikamenten mit Abhängigkeitspotential*, Nomos Verlagsgesellschaft, Baden-Baden 1992

Deutsche Hauptstelle gegen die Suchtgefahren, *Jahrbuch Sucht '96*, Neuland Verlag, Geesthacht 1995

Feuerlein, W., *Alkoholismus*, Verlag C. H. Beck-Verlag, München 1996

Fritzsche, S., *Achtung Suchtmedikamente*, Ullstein-Verlag, Frankfurt/ Berlin 1994

Gesamtverband für Suchtkrankenhilfe im Diakonischen Werk der EKD, *Handbuch für die Suchtkrankenhilfe*, Blaukreuz Verlag, Wuppertal 1980

Giesekus, U., *Familien-Leben. Spielregeln für Eltern und Kinder*, R. Brockhaus Verlag, Wuppertal 1994

v. Goddenthow, D.W., *Alles fängt so harmlos an*, Herder Verlag, Freiburg 1988

Schmidt, F., *Raucherentwöhnung*, Rowohlt Verlag, Reinbek 1990

Von dem gleichen Autor:

Familien-Leben

Spielregeln für Eltern und Kinder

128 Seiten, ABCteam-Paperback, Bestell-Nr. 111 032

Farbenblindheit oder Blutgruppe sind erblich und lassen sich mit statistischer Wahrscheinlichkeit über Generationen nachweisen. Aber wie verhält es sich mit den Eigen- oder Unarten, die Kinder an den Tag legen, wenn sie z.B. die Rolle des Helden, des Clowns, des schwarzen Schafes der Familie übernehmen?

Ulrich Giesekus stellt das »System« Familie vor und beschreibt sehr anschaulich, wie es zu bestimmten Entwicklungen kommen kann, die sich nicht einfach mit der Feststellung abtun lassen: Das hat er/sie vom Vater/von der Mutter.

Der Autor macht Mut zu gesunder Konfrontation, bei der es – auch und gerade in der Erziehung – auf die eigene Haltung ankommt: Nicht dem anderen den Kopf waschen zu wollen, sondern die Füße . . .

Ein Buch, das nicht nur Eltern mit Gewinn lesen werden, sondern auch alle anderen, die mit Kindern »konfrontiert« sind.

R. BROCKHAUS VERLAG WUPPERTAL